幸福の縁切り神社とお寺さん

悪縁を絶ち、良縁

真言宗阿闍梨　占い師
富士川碧砂
Fujikawa Misa

さくら舎

目次◆幸福の縁切り神社とお寺さん
——悪縁を絶ち、良縁を結ぶ！

第1章　縁切りとはなにか

第2章　縁切りはこわくない！

第3章　縁切りは人生のステージチェンジ

第4章　全国の縁切り神社&お寺さんパート①
――京都・福岡・山形

第5章　全国の縁切り神社＆お寺さんパート②

——東京・神奈川

第6章　全国の縁切り神社＆お寺さんパート③

——栃木・千葉・群馬・茨城

第7章　縁切りにうってつけの日とアイテム

おわりに

幸福の縁切り神社とお寺さん

――悪縁を絶ち、良縁を結ぶ！

第1章　縁切りとはなにか

占いの相談内容は時代を映す鏡

わたしの本業は声優です。

寺瀬今日子という名で活動しており、芸歴はこの本を書いている時点で35年になろうとしています。

ゲーム「メタルギアソリッド」のメリル・シルバーバーグ役や、アニメ「進撃の巨人」第1話の名シーン「息子の死は……人類の……反撃の糧になったんですよね!?」と泣き叫ぶモーゼスの母役などが代表作です。

朝の情報番組「とくダネ!」(フジテレビ系)では、生ナレーションを長く務めていました。

そんなわたしは、ちょうど25年前、心筋梗塞による突然の臨死体験から、目に見えないエネルギーの存在を知り、いわゆる霊視、オーラ透視の能力が覚醒しました。

それ以来、声優の仕事と並行して、占い師としても活動してきました。

この〝覚醒〟には、わたしの祖母の血脈が大きく関わっています。

祖母もまた、わたしと同じ年齢のとき、心筋梗塞で臨死を体験し、その後は霊能力者として活動し、生涯を閉じました。

わたしは祖母の後を継ぐものとして、霊視や占いの研鑽を積み、仏道の修行後、真言宗の阿闍梨《あじゃり》としてお名前をいただき、占い師として数多くのご相談者に向き合ってきました。

プロの占い師としての活動は今年で15年になります。

その経験でわたしが感じたことの一つが「ご相談者の悩みは、時代の代弁」ということです。

わたしがプロの占い師としてデビューした頃は、若い方の悩みは結婚に関するものがほとんどでした。

ちょうど婚活方法が、お見合いから合コンに移った時代です。

出会いがあっても、結婚するところまでいかない。

背中を押してくれる存在がいないため、結婚に踏み切れない若者が数多くいたのです。

ところが新型コロナウイルス感染症の影響による急速なオンラインの発展が、わたしたちの生活だけでなく、悩みの内容も一変させてしまいました。

仕事、学業、経済活動などあらゆる生活シーンでインターネットが活用され、婚活方法も、いまや婚活アプリがメインです。

でもそれよりも強く感じるのが、そもそも「結婚したい」という強い思いを抱く人が圧倒的に少なくなったということです。

多様化の時代。働き方も結婚も選択肢が増えました。

その結果、お客さまの悩みは、「どうしたら結婚できるか」「どうしたら成功できるか」ではなく、**「多くの選択肢の中から何を選べば自分らしい生き方ができるか」**というものに移っていったのです。

その中で、今、最も多いお悩みが「縁切り」です。

「縁切り」というと、不倫の恋を思い浮かべますか？

浮気相手を呪う、丑三《うしみ》つ時の呪術をイメージしますか？

それは大きな間違い。古い固定観念です。

たしかに日本が好景気だった頃は、占い師へのご相談のほとんどが不倫だったと先輩の占い師から聞いています。

今、日本はコロナによる不景気などで、不倫どころではない状況でもあるのでしょう。

でもそれよりもわたしが強く感じるのは、「どんな人生を送るか」という視点から夫婦関係を考える人が増えているということです。

「夫が浮気しています」

「どう浮気相手と別れさせるか、お悩みですか？」

「いえ、別れたいのですが、自立する生活力がありません。どんな仕事なら自立できるようになりますか？」


「夫が浮気しています」

「どう浮気相手と別れさせるか、お悩みですか？」

「いえ、もう心が離れてしまい、ほかに好きな人ができました。その人はわたしをどう思っていますか？」


「夫が浮気しています」

「どう浮気相手と別れさせるか、お悩みですか？」

「いえ、子どもが成長してから夫と２人で生きていくと思うとゾッとします。別れるのに一番良いタイミングはいつですか？」

これが、配偶者が浮気したと分かったときのお悩みのほとんどです。

もちろん、ひと昔前には、「浮気相手と別れてくれますか？」というお悩みも多くありました。

最近はほとんどありません。

つまり夫との縁切りを、自分の人生で一番プラスになる形で実行するにはどうすべきか、というご相談なのです。

これはご相談者の顔が向いている方向がまるで違うと思いませんか？

もちろん、人の感情はそうそうガラリと変わることはありません。

子どもの存在や経済的な問題など、離婚を足止めするものはたくさんあります。

だから、夫の浮気で悩む人のご相談は、広い意味での「自立」です。

どう自立できる自分を築くか、そこを模索することがわたしの仕事となっています。

また、仕事関係の悩みも「縁切り」が本当に多くなってきました。

終身雇用が当たり前だった時代から、転職や起業などが誰でも可能な時代になりました。

辞めることはできる。

でも、それが果たしていいことなのか。

またキャリアアップできる転職のタイミングはいつなのか。

この人間関係から離れるために他の仕事に就きたいけれど、自分にはどんな仕事が合うのか。

会社で人間関係でのトラブルがあり、どう対処すればいいか分からない。

そんなとき、以前なら忍耐しか答えはなかったかもしれません。

でも今は違います。

「会社を辞めて起業したいけれど、成功するにはどうしたらいいですか？」

「フリーになるにはどんな才能が必要か教えてほしい」

「会社を辞める決心はついている。そのタイミングを知りたい」

「パワハラ上司が辞める可能性を教えてほしい」

これらのお悩みはすべて、「縁切り」「お片付け」です。

そう、世の中は今、「縁切りブーム」「お片付けブーム」なのです。

縁切りとは新しい自分に出会うこと

「ミニマリスト」という言葉を聞いたことがあると思います。

持たざる生き方。最小限の大切なもので生きていく。

人間関係も例外ではありません。

自分にとってマイナスのものをたくさん抱え込んで生きていくのではない。

プラスのエネルギーを与えてくれる人や環境に絞って、それを大切にする。

そんな人生を望むようになってきているのです。

「縁切り」というと、マイナスのイメージしかなかった時代から、今、その概念は大きく変わろうとしています。

むしろ前向きな生き方の選択として、お客さまは「縁切り」を願っています。

ご縁とは何でしょうか？

80億の世界人口から、わたしたちはいったい何人の人と出会うでしょうか？

そして自分の人生に大きく関わってくる人はいったい何人でしょうか？

そう考えると、わたしたちが生きる世界の狭さを思い知ります。

そんな中、ひとつの人間関係を終わりにすることで、あらたな人間関係を構築することも可能です。

そこには自分も気づかない新しい自分との出会いもあるのです。

そのことに多くの人が気づいています。

そして、どのタイミングで、どんな人たちと縁を結ぶかを模索するとともに、マイナスのエネルギーをもたらす人や世界と、どのタイミングでどのように縁切りするかを模索しているのです。

もちろん家族など、簡単に切れない人間関係もあります。

でも、あり方を変えることは可能です。

その付き合い方、距離の取り方を変化させることはできるのです。

自らが選ぶことができるからこそ、どのくらいの距離が適正なのか。

家族の問題のときは、適切な縁切りの方法を相談される方が多くいらっしゃいます。

０か１００ではない答えがそこにあるからこそ、迷いが生じて、わたしのところに相談に来てくださっているのです。

どう捨てるか、どう残すか、その選択そのものが、人生を決めるということなのです。

これまでのように、与えられたものの中で生きていくのではない。

自分で取捨選択するからこそ、そこに、自分の人生をクリエイトする「自分らしさ」が反映されるのです。

縁切りとは人間関係の「断捨離」

わたしは、占い師として多くの方の相談に乗っている中で、「縁切りは前向きな選択の一つ」なのだと肌で感じています。

縁切りのご相談でいらして、勇気を持って自分らしい人生を歩みはじめたお客さまから、縁切りとは「断捨離」なのだということを教えていただいています。

たとえば、今一番多い、会社の人間関係でのお悩み。

会社は一つの家族のようなもの。

一緒にいる時間が長いからこそトラブルも多発します。

自分のエネルギーを奪おうとする「エネルギーヴァンパイア的な存在」と出会ってしまうこともあります。

そのとき、その人と同じ土俵に上がって、戦うのか、やり返すのか、あるいは我慢するのか、逃げるのか。そこに正解はありません。

選んだ道にあなたの人生があります。

人生は、あなたが作る芸術作品のようなもの。

決められたレールを走っているように思っても、それは、あなたの小さな選択の積み重ねなのです。

彫刻を思い浮かべてください。

あなたは今、あなたという人生の顔の部分に彫刻刀をあてています。

鼻は鼻。口は口。たいした違いはないように思えます。

でもわずか数ミリの削り方の違いでその表情は大きく変わります。

どこをどう削るか、それが「縁切り」です。

また、削るだけではありません。

ある武道の達人がこんな言葉を残しています。

「相手と気を合わせない。脱力するんだ。そこにズレが生まれる。そのズレを大切にする。力んでいると相手のパンチをそのままくらう」

この小さなズレを作ることも「縁切り」であり「人との距離感」です。

相手と同じ土俵に立てば、勝っても負けてもあなたのいる世界は相手と同じ土俵です。

わずかでもずらせば、そこに違う世界が生まれます。

この世はパラレルワールドなのです。

あなたが見る世界と相手が見る世界は違います。

相手が見ているものに合わせていくのか、ズレを作るのか、完全に離れるのか、それを選択するのが「縁切り」であり「縁結び」なのです。

また、良縁なのか悪縁なのか、それも固定されたものではありません。

同じ相手でも、会うタイミングにより良縁にもなり悪縁にもなります。

お客さまには何ら非がなくても、お相手が「今はまだ結婚したくない」と思っていたら、結局は別れることになります。

お客さまにとっては「あんな人と出会わなければよかった」という悪縁のお相手になってしまいます。

「結婚したい」タイミングに「結婚してもいい」と思える相手に出会い、そしてその相手も「結婚したい」タイミングであることが良縁成就に繋がります。

縁切りと良縁成就はワンセット

もちろん相性もあります。

たいていの人は、テレビドラマに出てくるラブロマンスのような相手を求めています。

ひと昔前、「三高」という言葉が流行《はや》ったことを覚えていますか?

「高学歴、高収入、高身長」の男性が理想というもの。

世の女性は「三高」の相手と結婚した女性を「勝ち組」として仰ぎ見ていました。

今はもちろん、そんなことはありません。

でも、変わらないものはあります。

「高収入」はその代表です。

でも、わたしがお客さまを鑑定すると、女性が働き、男性がフォローしたほうがいいのではと思われる人は本当にたくさんいます。

バリバリ働き、自己実現したい人のお相手が、同じようにバリバリ働き認められたい人だった場合、家庭では主導権争いが発生する可能性があります。

マウンティングタイプ同士なので当然なのですが、自分や相手の性分を変えることは難しいので、解決には時間がかかります。

どんな人が自分に合った相手なのか、これを知ることは「自分とはどんな性分なのか」「自分の強みは何か」「どうしたら認めてもらえるか」を知ることです。

ビジネスマーケティングとなんら変わることはありません。

つまり自分の価値を知ることから始まるのです。

世の中にある固定観念を捨て、自分の思い込みを捨てること。

これも「縁切り」です。そして自分に合った相手とベストタイミングで結ばれること。

これこそが「良縁成就」なのです。

このようなお客さまのお悩みを受け止めて、縁切りと良縁成就を叶えるために、わたしがおすすめしているのが、「縁切り」のご利益のある神社やお寺です。

もうお分かりいただけたと思うのですが、**縁切りと良縁成就はワンセット**。

悪縁のお片付けをして、そこに新しいスペースを作るからこそ、良縁を引き寄せることができます。

そしてどんな縁切りをするか選択することは、自分の心の深い部分と向き合うことになるのです。

だからこそ縁切り神社やお寺で手を合わせることを、わたしはお客さまにおすすめしています。

「悪縁を遠ざける」と言っても、悪縁だからこそしぶといものがあります。

形として離れていても、未練として心に巣食うものもあります。

現実と心は、違う時間を生きています。

現実世界では別れても、心が離れられなければ、まだ過去を生きていることになります。

縁を切ったとはいえません。

このようなケースも、鑑定の場ではたくさん見聞きします。

特に霊視をした場合、過去の体験や人物のビジョンがはっきりと見えることが多々あります。

別れたお相手、子どもの頃の親の存在、友達や先生から受けた心の傷。

わたしが透視で視《み》るのは、お客さまの心が残ったままの過去の世界。

それは現実の世界に大きな影響を与えるものになります。

そんなとき、「縁切り」の必要性を強く感じます。

「縁切り」を叶える方法にもさまざまなアプローチがあります。

その一つが、わたしが前作『幸運が舞い込む浄化・邪気除け生活――「スマホ風水」は最強の開運法』（さくら舎）で書いた「スマホ風水」です。

毎日見聞きするスマホに「縁切り」の情報を入れる。

これは潜在意識に刷り込みをするアプローチです。

詳しくはぜひ拙著を手に取っていただきたいと思います。

マイナスのエネルギーを捨てる浄化・邪気除け

今回は「縁切り神社」「縁切り寺」。

つまり、神仏にお頼みするということをお伝えしたいのです。

神社の御神体の前にある鏡は、自分の姿を映すもの。

そう聞いたことはありませんか？

神仏の前に立つとき、わたしたちは自分の心の前にいるのと同じ体験をしているのです。

自分の心と向き合い、整理し、邪念を捨て去る。

「神仏の前だからこそ、それができる」。そうわたしは思っているのです。

自分の心の中でぐるぐると自問自答している悩みを、神仏に聞いていただく。

そのとき、神仏からいただくメッセージは、言葉として受け取っていなくても、心はそのエネルギーを受け取っています。

そして、そのメッセージが心の中で発酵され、自分の内なる栄養となっていきます。

そして、自分の心が育ったとき、マイナスエネルギーを捨て、次のステージに行くことができるのです。

神社はまず「浄化」がスタートです。

自分にある穢《けが》れを浄化する。

そしてお寺は「邪気除け」がスタートです。

邪気とはまずは自分の「煩悩《ぼんのう》」です。

浄化、邪気除けは、自分の内にあるマイナスエネルギーからの「縁切り」。

その「縁切り」を叶えてくれる力を持つ存在が「縁切り神社」であり、「縁切り寺」なのです。

でも、「縁切り神社」や「縁切り寺」で祈っても、その願いが叶わないときもあるかもしれません。

そのときは「縁切りをあきらめること」が、あなたの心との「縁切り」かもしれません。

そこからまた人生の新しいステージがスタートします。

成り行きに任せる。それも良いかもしれません。

時間が解決することもたくさんあるからです。

腹が立つ相手のいいところを見つけることもあるかもしれません。

これまでとは違う距離感で相手を受け止めることができるかもしれません。

問題が１００％解決できなかったと思えても、あなたの「縁切り」は功を奏しているはずなのです。

神社やお寺にお参りすることは、非日常に身を置くこと。

それは、あなたの立つ土俵をずらすことになるからです。

そのズレから必ず発見があります。

非日常に身を置くことを仏教では、「ハレ」と「ケ」という概念で教えています。

「ハレ」は非日常。そして「ケ」は日常をあらわします。

日常で疲れが溜まることを、「ケガレ」と言います。

つまり「気」が枯れるのです。

日本に受け継がれた開運法は、この「ハレ」の世界で「ケガレ」を祓うことを日常に取り入れたものが実にたくさんあります。

お正月や季節の行事など「ハレ」の日を設けて、「ハレ」ならではのお食事や催しをする。

そのことで、自分のケガレが祓われていくのです。

神社やお寺に行くことも「ハレ」の実践です。

自分が立つ土俵をずらすことで、浄化、邪気除け、つまり縁切りが叶うのです。

たとえそれが、現実的には１００％の願望成就ではなくても、違う世界が見えてくるはずなのです。

神仏が気づかせてくれるもの

わたしのお客さまに、俳優を目指している人がいました。

ご存知のとおり、競争の激しい業界、才能はあるのに夢は叶わない。

あきらめきれない悶々とした日々を送っていらっしゃいました。

そして、イベントなどで着ぐるみを着てキャラクターを演じるアルバイトをされていたのです。


そのお客さまが、あるとき、こんなことをおっしゃったのです。

「先生におすすめされた縁切り神社にお参りして、わたしが何故俳優になりたかったのか思い出しました。それは、小さい頃に見たアニメが大好きで、こんなふうに子どもに夢を与える仕事をしたいと思ったからです。ふと振り返ると、有名俳優ではないけれど、わたしは着ぐるみを着てキャラクターを演じ、子どもたちの輝く笑顔に囲まれています。わたしの夢はすでに叶っていたのです」

わたしは感動で、胸がいっぱいになりました。

このお客さまは人生の幸せを形ではなく、本質で捉えました。

そして自分の手のひらにすでに願ったものがあることに気づいたのです。

それは、わたしにも大きな気づきを与えてくださいました。

答えは一つではないということです。

縁切りもまた同じです。

わたしは縁切りに現代はダークな面はないと最初にお伝えしました。前向きな選択であると。

でもそうでなくてもいいのです。

ダークな縁切りでも、明るい未来を作る縁切りでも、そこに良い悪いはありません。

中島みゆきさんの歌「うらみ・ます」は心の中のダークな世界を歌ったものですが、この歌を聞いて共感の涙を流すとき、自分が浄化されたような気持ちになる人は、きっとわたしだけではないでしょう。


対して、荒井由実さんの歌「ルージュの伝言」にこんな歌詞があります。

「浮気な恋を
はやくあきらめないかぎり
家には帰らない」
「明日の朝
ママから電話でしかってもらうわ
My Darling」

これもまた縁切りの歌です。

テンポある明るい歌です。

でも自分の涙を振り払って明るさを装っているところに涙する人は、きっとわたしだけではないでしょう。

縁切りもまた、それぞれ。

でも神仏はそのあなたの願いに優劣はつけません。

あなたが本当に縁切りすべきものを気づかせてくれるだけです。

あなたが願うものが、あなたの中にある恨みや未練や怒りなどのマイナスの感情であっても、受け止めて、必要な縁切りを叶えてくれます。

そして、ふとあなたが視点をずらしたとき、「欲しいものは手のひらにある」と気づかせてくれるでしょう。

わたしが今回ご紹介する「縁切り神社」や「縁切り寺」は、すべてわたしがお参りして、そのエネルギーを自分の魂で感じてきたものばかりです。

そして、どんな形にせよ、縁切りのお力が強大であると確信したところばかりです。

あなたの縁切りの願いを叶え、あなたをこれまでとは違うステージに立たせてくれる。

そんなパワーに満ち溢れた聖地、「縁切り神社」「縁切り寺」。

新しいあなたとの出会いを叶えてください。

あなたらしい人生の選択が何なのか、見つかるはずです。

第2章　縁切りはこわくない！

縁切り神社、縁切り寺とは？

その昔、縁切りを願う女性の願いは切実なものでした。

結婚も離婚も自分の意志では選び取れなかった時代、女性たちから離婚できるのは、レアケースだったのです。

縁切りの願いは呪いに近いものがあったでしょう。

その歴史が変わったのが、鎌倉時代後期から戦国時代です。

寺が治外法権的な実権を握るようになり、寺に逃げ込むことができた妻に、夫は手を出すことができませんでした。

ところが、江戸時代になり、寺の特権が廃止されたことから、逃げ込んだ女性が連れ戻されることも多くなり、徳川家康が「縁切り寺法」を成立。

江戸幕府より公認された「駆け込み寺」に寺入りすれば、縁が切れるようになりました。

これは尼僧になるということではなく、いわばお寺が調停のような役目を果たし、円満に離婚が成立するように、夫婦の間に立つものでした。

どうしてもうまくいかないときは、寺の手伝いなどをさせて、追ってくる夫から守り、最終的に幕府の機関によって強制的に離婚が成立する仕組みだったのです。

これを聞いて、「そんな時代もあったんだー」と思われますか？

わたしは「何ひとつ変わっていない」と感じています。

現代において、わたしたちは好きでもないパートナーと簡単に別れることができるでしょうか？

鑑定の場で感じることは、「離婚したくても、離婚できない人はたくさんいる」ということです。

経済的な事情、お子さまへの心理的な影響、自分や相手の親への影響、社会的な立場などなど……俗にいう「仮面夫婦」を続けている人のご相談を数多く受けてきたからです。

時代が変わり、離婚は自由意思で可能になったように見えます。

調停や裁判で離婚は成立させることができます。

また、最近では最短で別居３年で離婚が成立する可能性も出てきました。

でも離婚後の人生はどうでしょう。

むしろ江戸時代より厳しいものが待っているかもしれません。

だからこそ今でいう自主規制のようなものが働きます。

見えない壁がたくさん存在するのです。

縁切りは縁が切れたら完結するものではありません。

その後、幸せと縁結びするためでなければ、本当の心の縁切りはできません。

自分の人生を前向きにつくるための縁切りを叶えてくれる。

その後の幸せな人生を自らの手でつくる。

その心の後押しをしてくれるのが、縁切り神社、縁切り寺だと、わたしは思っています。

「あのとき、あの決断をして本当に良かった」

「あのとき、縁切りをしたからこそ、今のわたしがある」

それは自分にとっての悪縁を切り、自分にとっての良縁と縁結びをすることです。

縁切りと縁結びは表裏一体！

「縁切り神社とお寺さん」は、「縁結びの神仏」なのです。

過去の自分との縁を切る！

「相手がこの世からいなくなって欲しい」

この願いを一番聞くのが、実は離婚ではなく、会社の人間関係です。

会社自体には大きな不満はない。転職はしたくない。

でも、上司や同僚からパワハラやモラハラを受けている。

訴えることにもためらいがある。部署異動の可能性もない。

まさに八方塞がりです。

このようなときは、その相手が辞めてくれるよう祈るしか方法がありません。

でもそんな奇跡が起こる可能性はほぼありません。

恋愛や結婚よりも縁切りが困難だと痛感しています。

転職を阻むものが就職難や経済的な問題など、条件に左右される場合は、資格を身につけることや、人脈を頼るなど、さまざまな方法で転職の可能性が生まれます。

転職すれば、嫌な相手から逃れることができます。

でもその努力が実らないと感じるのが、親との関係や子ども時代の体験などから「仮想敵」を作っている場合です。

敵がいることがコンフォートゾーン、つまり慣れた環境になっている。

だから転職してもまた同じようなタイプの人と出会うことになります。

その結果、無限ループにはまってしまうのです。

わたしはそんなお客さまを数多く見てきました。

たとえば、父親から厳しく叱られて育った人は、上下関係の厳しい部活を選び、会社でも上司からパワハラを受ける。

よく話を聞いてみると、父親からも先輩や上司からも同じ言葉を浴びせられています。

だからこそ心に突き刺さり傷つくのです。でも逃れることはできません。

その関係性を自らが作り出していないか、自分の心と向き合っていかなくてはなりません。

嫌いな相手との縁切りではなく、過去の自分との縁切り、潜在意識に刻まれたコンフォートゾーンとの縁切りが本当のテーマとなるのです。

罪悪感との縁切り

関係性をよくするために頑張らなくてはいけないと、罪悪感を抱く人もいます。

これも親や先生、先輩ら年長者の言葉に縛られているケースが多いのです。

途中でリタイアすることは「負ける」ことだと、頑張らなくてもいいのに頑張ってしまう――そんな行動の裏には、仕事にせよ、人間関係にせよ、自分で選択したものを自ら否定することへの抵抗があるのかもしれません。

突然ですが、アメリカの金融の中心地ウォール街にはこんな相場の格言があります。

「判断を誤ることは正常なことだ。それを修正しないのが異常である」

買った株の価格が値下がりして損失を抱えた状態になっても、自分が選び決断して買った銘柄だからと手放せず、いわゆる〝塩漬け〟にしてしまうことを戒めた言葉です。

投資と人生には相通じるものがあります。あなたは自分で自分を縛ってしまっていることはありませんか。

親や先生、親しい人、自分自身に対する罪悪感、こだわり。

しかし、罪悪感を捨てて、思い切って環境を変えれば違う景色が待っています。

分かっていてもその選択がなかなかできません。

自分を許せない思いから脱却できないのです。

自分を許すことを許可する。

その課題に挑戦することが必要となります。

縁切りは悪いことではありません。

自分を傷つけるエネルギーを除くことは、邪気除け。

相手がいい人だとしても、自分がその人と話しているとマイナスのエネルギーを受けてしまうなら、あなたにとって、それは除けるべき邪気です。

イヤイヤ付き合うことで、あなたも相手に攻撃のエネルギーを出すことになっていませんか？

言葉に出さなくても、あなたの念は発せられています。

「源氏物語」に書かれている六条御息所《ろくじょうのみやすんどころ》の生霊《いきりょう》の話はご存知かと思います。

自分から心が離れていった光源氏。

彼女の嫉妬の心は生霊となって、光源氏が愛する女たちに取り憑《つ》いていく。

それは、六条御息所が自分の気持ちを押し殺したから、その強い思いが生霊と化したと言われています。

そして、もう一つ、この物語で重要なことは、六条御息所は、自分の念が生霊となっていることを知らないということです。

強い感情というのはこわい側面として、自分でコントロールできなくなることがあげられます。

怒り、嫉妬、悲しみ……自分で鎮めようとしてもどうにもならない経験をしたことはありませんか？

その強い感情は、あなたを離れて勝手に働いてしまいます。

わたしは霊視で、お客さまに取り憑いている生霊を何度も視《み》たことがあります。

その相手が呪術を使ったものではありません。

相手を呪うことは高度な術で、そう簡単にできることではないからです。

でも自分のマイナスの考えを押し殺すことによって、その感情は、濃密な念となり生霊となることがあるのです。

人間関係では、好きな人もいれば嫌いな人もいる。

それは自然なこと。

それは決して悪いことではありません。
自分に苦手な相手や嫌いな相手がいることを否定しない。
そして距離を取り、自分の心にマイナスの気持ちが生まれないようにする。
縁切りは、あなたが憎む相手にとっても幸せな道なのです。

思い込みとの縁切り

お客さまのお悩みには縁切りが孤立と重なってしまうというものもあります。

子どもの頃からコミュニケーションが苦手で「コミュ障」と呼ばれるような場合です。いつも人の言葉をマイナスに受け取ってしまう。

その反応が顔に出てしまい、その結果、本当にいじめの対象になってしまうこともあります。

そんなときは、人と仲良くならなくては孤立してしまうという恐れで自分を縛りつけていないか考えてください。

会社はお友達を作る場ではないはずなのに、それが一番大切なことになってしまっている。

自分のコミュニケーション能力への劣等感を乗り越えることが目的になってしまうのです。

そんなときには、会社で得たいメリットを、人間関係以外のものに設定してください。

たとえば、給料とか、キャリア形成などのメリットです。

それが得られていることに満足して、人間関係をよくしようという気持ちをいったん脇に置きます。

すると、もっと気楽に人と接することができるようになります。

自分の恐れを手放すことです。

自分の意識から相手を遠ざけてみる。

人間関係の距離感をうまく取れるように。

すると心の自由を得ることができます。

まるで蟻《あり》地獄のようにハマってしまっていた悩みから抜け出すことかできるのです。

人間関係は自分の心の縮図でもあります。

どんなお悩みでも、その根本には心の癖が作用しています。

でも、だからこそ、そこが変わることで人生が激変することも多いのです。

自分の心の癖を変えると、相手への対処の方法も変わる。

自分の考え方を変えることで、不思議と相手の性格が変わることもあります。

わたしは犬を飼っていますが、犬の教育の一つに「社会化」というものがあります。

他の犬や人に挨拶したり、仲良く交流できるよう、教育するのです。

犬が人間社会で一緒に暮らしていくには必要なことです。

でもこれは動物の本能としては少し不自然なことですよね。

他の犬や人に警戒心を抱くことは当然のことだからです。

もちろん無駄吠えなどで、近所迷惑になることはやめさせなければいけません。

でも他の犬や人と仲良くしなければいけないというのは、人間の都合です。

急に近づいてくる人や犬がこわくて吠えるのは犬が番犬として培われてきた本能です。

最近では、無理に交流させない動きが出てきています。

交流が苦手な犬には黄色いリボンをリードにつけて、「交流が苦手なので近寄らないでください」と知らせる「イエローリボンドッグ活動」が広まっています。

犬にも多様性が認められる社会。

当然人間にもコミョニケーションの多様なあり方が尊重されるべきです。

最近は、コミュニケーションが苦手な人が得意とする、お一人さまの仕事もたくさんあります。

パソコンさえ使えれば、自分の部屋でリモートで仕事をする人も増えました。

わたしの秘書もその一人です。

彼女は地方に住んでいて、わたしは面接のときに一度顔を合わせただけ。

ずっとパソコンやスマホのやり取りでスケジュール管理をしてもらっています。

彼女は主婦業をしながら仕事をできるということで、そのやり方を受け入れて働いてくれています。

実はこのシステムは、わたしにとっても快適です。

わたしもコミュニケーションが下手だからです。

幼い頃から芝居の世界に生きて、自由業といわれる働き方をしています。

べったりとそばにいて、あれこれ世話をしてもらうのはプレッシャーでしかありません。

人と仲良くしなければいけない。

上手に交流しなければいけない。

そう思い込んでいる自分の意識を変えてみる。行動を変えてみる。

そこから自分の殻を破る一歩が始まります。

自分の心にある思い込みから自由になる。

それは相手との縁切りであるとともに、自分のとらわれの心からの縁切りなのです。

悪習慣を絶つ！

タバコをやめたい。

甘いものをやめたい。

ギャンブルをやめたい。

浪費をやめたい。

これはまさしく自分との戦いです。

誰もが自分には点が甘いもの。

ストイックに頑張るには、切実な目標がなければ、なかなか叶いません。

「それ以上太ると、死ぬ」と言われてもスイーツに手が出てしまう……。

このような中毒性があるものから縁切りするには、やはり自分以外の助けが必要でしょう。

病院やジム、あるいは成功者の書物からダイエットや禁煙に成功している人はたくさんいます。

自分の意志だけで何かを成し遂げられると思う心を捨てることです。

その道のプロや成功者の知恵を借りることは恥ずかしいことではありません。

わたしたちは、依存することに関して悪いイメージを持ち過ぎていると感じることがあります。

たとえば、わたしは占い師を稼業としていますが、「占いに頼るのはよくない」という考えは社会に根強くあります。

もちろんすべての選択を占い師に決めてもらうなどの極端さは褒められたものではありません。

でも、一つの参考として占いを上手に使っている人のほうが大多数です。

自分ではどうにもならないことを誰かの力を借りる。

わたしたちは一人で生きているわけではありません。

甘えてはいけない。依存してはいけない。

その「いけない病」と縁切りすることも大切なのです。

不倫の縁切り

自分のパートナーが浮気をしている。

浮気相手と別れてほしい。

これは当然の願いでしょう。

一方、浮気相手が正妻と離婚してほしいと願うケースもあります。

こういう縁切りの願いは叶わない場合が多いものです。

浮気しているくらいですから、真の愛情で結ばれていないことも多々ありますが、それと離婚は別物だからです。

結婚は恋愛と違い、さまざまな要素が絡み合うものなので離婚は大仕事です。

また、愛情がなくても婚姻関係は案外続けられるケースも多いのです。

反対からいえば、その大仕事をすることより、その浮気相手と結婚することが重要だと思っていないのです。

「なぜ夫婦関係が終わっているのに、別れてくれないの?」

「なぜ浮気相手と別れて家庭を大切にしてくれないの?」

浮気の解決の場合、相手への恨みの気持ちが高まります。

パートナーにも、そのお相手の人にも憎しみがふくらみます。

「相手がいなくなりますように」

そう願いたい気持ちは分かりますが、この願いは不幸を引き寄せることが多いのです。

なぜなら潜在意識は主語を解釈できないからです。

「相手が不幸になりますように」と願っても、「自分が不幸になりますように」と脳が錯覚して、あなた自身が不幸を引き寄せてしまうのです。

「相手も、わたしのいない世界のほうが幸せです。相手が最高の幸せをつかめますように」

そんな願いを込めて祈るのです。

どのような選択が一番幸せな結果となるのか、それは神仏にしか分かりません。

すったもんだの末に、略奪愛が成功しても幸せとは程遠い再婚になることもあります。

反対に、あんなに執着していたけど、あんな男と別れて正解だったと幸せな道を歩んでいる人もいます。

執着からは、何も生み出せません。

自分も相手も幸せになる道を神仏に祈る。

その祈りは、自分の本当の幸せを見つける瞑想のようなもの。

「本当に幸せに繋がるのなら、この縁切りを叶えてください」

「その選択は神さまにお任せします」

そんな気持ちで手を合わせてください。

きっとあなたにとって最高の結果となるはずです。

貧乏神との縁切り

誰もが縁切りしたいのが、この貧乏神でしょう。

鑑定の場には、とんでもないお金持ちの人も、お金に困って藁《わら》にもすがる思いでいらっしゃる人もいます。

どこにその違いがあるのか、一言では括《くく》れません。

でも感じるのは、成功されている人はみな自己評価が高いということです。

いま成功している人も、人生の中で苦労の時期がない人はいません。

そんなときもポジティブに捉えて、自分の底力を信じている人がお金の神さまに愛されていると感じます。

そして、もう一つ、スピリチュアルでは、すべてのことをエネルギーと捉えます。

お金も一つのエネルギー。

欲に駆られるとそれは邪気のエネルギーになります。

素直に豊かさを喜び、人とその喜びを分かちあえる人にとっては、お金のエネルギーは光のエネルギーになります。

貧乏神は邪気のエネルギー。

邪気のエネルギーは、光あるところには住み着くことはできません。

また、お金を光のエネルギーとして大切に使う人に、お金は寄ってきてくれます。

神仏も自分を闇として扱う人より、光として扱う人を喜ぶのは当然のこと。

貧乏神と縁切りするために、富の神さまとご縁をいただく。

それは、お金を光の存在だと信じること、そしてそれらに感謝することです。

社会的に富裕層と呼ばれる人は、神社仏閣などへのお参りを欠かさない人が予想以上に多いものです。

風水を実行したり、お抱え占い師がいたりする会社も相当数あります。

お金は、最後は形のない何かに左右されると知っているのでしょう。

お金を現実的な物質と思わず、エネルギー体だと思ってみてください。

するとどう接していけばよいか、その姿勢が変わるはず。

貧乏神が寄りつかない光の存在に、あなた自身がなれるはずです。

病気との縁切り

世の中にはどんなに願っても難しいものがあります。
それが病気平癒の願いです。
医療の発展がない限り、不治の病は存在します。
でも一方、奇跡が起きた例も数多くあります。
治らないという病が、神仏に祈ることにより治癒した伝説が世界中に残っています。
世の中に絶対はないということです。
治らない病気もあるけれど、もしかしたら治るかもしれない。
奇跡を祈ることで、自分の心を強く保つことです。
「病は気から」という言葉もあります。
笑うことで癌の治癒力が上がるというのは実証されています。
その「笑い」という前向きな力を作るものが、自分を信じる心です。

もうダメだと思う心を持ち上げる。

そこに奇跡が生まれます。

その心のつっかえ棒になってくれるものは、家族や友達の存在だったり、神仏の存在だったりするでしょう。

わたしは25年前に臨死体験をしたことで、霊的な能力を得ました。

でもそれと同時に、不治の病と呼ばれるものを抱える身となりました。

心肺停止状態になったことで、膵臓《すいぞう》の中にあるインスリンを作る細胞が消滅してしまったのです。

一瞬にして重度の糖尿病となってしまいました。

生活習慣からなる糖尿病とは違い、細胞そのものがなくなってしまったので治る見込みはありません。

当時の医療では「15年で7割の患者さんが、網膜出血から失明したり、腎臓の機能不全に陥ったりしています。今のうちに好きなことをしておいてください」と医師から告知されました。

ところがそこから考えられないくらい医療が発達し、完治はしなくてもコントロールできる薬が次々とあらわれ、25年経った今もわたしはピンピンしています。

この世の中に絶対大丈夫なことはないけれど、絶対ダメなこともない。
わたしは身をもって、いま感じています。
あきらめる心と縁切りをする。
そこから違う未来が見えてくることもあるのです。

神仏の力を借りて縁切りする

自分の力でどうにもならないことがある。

世の中には「運」という目に見えないけれど、たしかに存在するパワーがある。

それを感じたことのある人は多いでしょう。

そんなときにわたしたちは、神仏に手を合わせます。

わたしが常々感じるのは、神仏に祈ることは頼ることではなく、神仏と自分とのコミットメントだということです。

「お酒を控えます」と妻に約束することと、神仏に宣言することはまったく重みが違ってきます。

神社の鏡は、自分の魂の姿を映す鏡。

そこに手を合わせ誓う縁切りは、自分の魂との約束でもあります。

また、神社や寺では「断ちもの」と言って、「願掛け」のために、自分の好きなものと

「縁切り」をするおまじないがあります。

願いが叶うまですることが多いですが、一生やめるとして、より強い決意を神仏に誓う人もいるようです。

古くは神仏の嫌うものを断つ、たとえば女断ちや肉断ちなど、身を清める意味合いが強かったようです。

でも最近では自分の好物を断つことで、願望成就の力を強めるものになっています。

だから通常は、自分が好きでやめられないものとの縁切りをします。

縁切りというのはそれだけの呪術的なパワーを含んでいるということを示しているのです。

たとえば上杉謙信《うえすぎけんしん》の「女断ち」は有名です。

勝利祈願のために、正妻も側室も持たず、養子を取ったそうです。

また春日局《かすがのつぼね》は、三代将軍家光《いえみつ》の乳母ですが、病弱な家光の命を救うために「薬断ち」をしました。

そのため、春日局は、一生、薬などの治療をしませんでした。

そして、そのおかげか、家光は50歳近くまで生きたそうです。

直接の関係はないのかもしれません。

でも、「縁切り」をすることで、自分の覚悟が強まり、より大きなエネルギーがそこから生まれるのでしょう。

縁切りをすることで離れていった邪気の代わりに、願いごとが叶ったり、大きな幸せが訪れたりする。

エネルギーの交換が生まれます。

「縁切り」には大きなエネルギーを支払うからこそ、得るものも大きいのだと教えてくれているのです。

恋愛も結婚も仕事も、どんな人と知り合い、どんな人と手を繋ぐかで大きく変化します。

また同じ相手でも、自分にとっては悪縁でも、他の人にとっては良縁となることもあります。

あなたが縁切りしたいその人も、あなたと縁切りしたほうが幸せになることもあります。

だからこそ、神仏に縁切りを願うときは、神仏が最良と選んでくれた結果にお任せする気持ちが大切だとわたしは考えています。

そのお任せの気持ちこそが、誰にとっても幸せな縁切りをすることができる結果を引き寄せます。

日本では「除災招福《じょさいしょうふく》」という言葉のとおり、まず災いを除けてからでないと、幸せを招くことはできないという考え方があります。

あなたの幸せも同じこと。

縁切りを神仏に願い、結果を神仏にお任せすることで、縁切り神社、縁切り寺の最大のご加護をいただけると、わたしは信じているのです。

第3章　縁切りは人生のステージチェンジ

魂の世界での縁切りとは？

ここでは「縁切り」を魂の世界から捉えてお話ししましょう。

わたしはオーラ透視をメインとする鑑定をしています。オーラ透視というのは一言でいうと、その方の潜在意識、魂のあり方を見るものです。

たとえば、幼い頃に父親に怒鳴られたり否定されたりしていたビジョンが見えることがあります。

それをお客さまにお伝えすると、「子どもの頃はそうでしたが、今は父親とは仲良くしているので、それは違うのでは？」とおっしゃる方がいます。

お客さまは現実には、わだかまりがないように思っているかもしれません。

でも、その方の潜在意識、つまり魂は、まだ父親に怒鳴られ否定されている時間を生きています。

そのひずみは、現実世界に大きく影響を及ぼします。

たとえば、男の人の大声が怒鳴り声のように思え、怖くて恋愛に臆病になる方がいます。あるいは、父親との関係性を繰り返すかのように、自分につらく当たる人と何度もお付き合いをする人もいます。

「トラウマ」というのは、魂の世界から見ると、その傷ついた時間をまだ生きていることです。その時間に閉じ込められて抜け出せていない状態なのです。

そのようなケースを透視するたびに、現実世界と魂の世界がまるでパラレルワールドのように存在する不思議を感じます。

わたしたちは現実世界だけを見て、物事を判断しています。

でも実際には、魂の世界、魂の時間が存在して、それが現実世界に大きな影響を与えているのです。

そして、反対に現実世界も、魂の世界に大きな影響を与えています。

「縁切り」もまた同じです。

縁を切ったつもりでも、魂がまだ執着の中にあれば、それはまだ縁を切っていないのと同じです。

反対に現実世界では縁を切っていなくても、心の中で縁切りを願っていたらどうでしょう。そう、それはすでに縁切りをしているのと同じなのです。

迷いがあるから、あるいは情や罪悪感があるから、現実世界では関係が続いているかもしれません。

でも心の中で「縁を切りたい」と強く思っていたら、現実世界と魂の世界にはズレが生じます。

そして、そのズレを修正するかのように、魂の世界と現実世界の間にシンクロニシティが起き始めます。

繰り返しになりますが、大切なことなのでもう一度お伝えします。

この現実世界と魂の世界は、交わることなく存在しているわけではありません。

「思考は現実化する」という言葉があるように、魂のあり方は現実世界に反映されます。

一方、現実世界で起きていることは、魂のあり方を変化させています。

この2つは、互いに複雑に絡み合っているのです。

だから、あなたが縁を切りたいと思った時点で、そのご縁は現実世界でも実質の形が変わってきています。

縁切りとシンクロニシティ

わたしは以前こんな経験をしたことがあります。

今の夫と結婚する前、長くお付き合いをして結婚を約束していた男性がいました。その男性とは、あり得ないくらいバッタリ街中で会うのです。

家のそばだけではなく、仕事で出かけた場所や、ショッピングしている場所など、会うはずのないところで偶然バッタリ！　そんなことが多々ありました。

その恋愛は、男性の浮気が原因で別れを迎えました。そして、その浮気すら偶然の出来事から発覚したのです。

わたしが、ゴミ袋がなくなって、新宿のドン・キホーテに買い物に行ったときのことです。

新宿のドン・キホーテは、わたしの家からは一駅電車に乗る距離。しかも夜中でした。

レジに並んでいたら、ちょうど同じ列の２つ前に、その男性が並んでいました。若い女性と手を繋いで……。

　あり得ないシチュエーションでした。わたしは凍りついてしまい、その場では話しかけることすらできませんでした。

　その夜、電話をかけて聞くと……「ごめん。ほかに好きな人ができた。別れたかったけど、どうしても言い出すことができなかった」と告げられました。

　どこかホッとしたような声でした。わたしは結婚を約束していた相手だったので大きなショックを受けました。

　でも長い付き合いの中で関係性が変わっていたことも事実。わたしもまたその男性に、以前のような気持ちは持てなくなっていました。

　現実を見せつけられたけれど、その不思議な偶然は神さまが縁切りのきっかけを与えてくれた。そのまま結婚していたら、わたしはもっとつらい状況に陥っていたでしょう。

　スピリチュアルの法則に照らし合わせると、男性が縁切りを願った時点で、縁は切れていたのです。それが現実化するのは偶然ではなく、必然のことです。

　そして不思議なことに、別れてから今日まで、一切その男性と会うことはありません。あんなに起きていたシンクロニシティがまったくありません。

　そしてその後、わたしは今の夫と結婚しました。今度はやたらと夫とシンクロニシティが起きています。

しょっちゅうバッタリ会うのです。まるで夫には霊視の力があって、わたしの行動が分かっているのかと思うほどです。

「縁は異《い》なもの味《あじ》なもの」という言葉がありますが「異なもの」というのは、この魂の世界と現実世界のシンクロニシティの不思議を言っているのではないでしょうか？

出会うべくして出会っているのなら、「縁切り」もまた、そのご縁が終わるべくして終わっているのです。

でも私たちは「縁切り」に罪悪感を持ち過ぎる傾向があります。終わるべき縁なのに、なかなか行動に移すことができません。

たとえば、それが親兄弟との縁切りだったらなおさらでしょう。残酷な判断をしていると思い、罪悪感に苛《さいな》まれてしまいます。

親兄弟とは強い絆で結ばれているもの。仲良くしなくてはならない。愛しているのは当たり前。愛されているのも当たり前――それも一つの真実です。

でも、「毒親」と言われるような親との関係で悩んでいる方はたくさんいます。

わたしの鑑定には兄弟と相続問題で骨肉の争いをしている方も多くご相談にいらっしゃいます。

あるいは子どもを愛せないという罪悪感で苦しんでいるお母さまもいらっしゃいます。

そのような方々にどうアドバイスすればいいのでしょうか？

罪悪感で苦しむことはないことを伝えて、最も適切な距離感や対応を考えていくしかありません。それが縁切りになる場合もあるでしょう。

でも「縁切り」という言葉のダークなイメージに引っ張られる必要はありません。

なぜなら縁切りしたいと思った時点で、魂の世界では、そのご縁には刀が入っているのです。それは自然なこと。

善悪でジャッジする以前に、魂の世界では、すでにそのご縁は形を変えているからです。

わたしたちはまったくの善人ではありません。生きている以上、真っ白ではないのです。

だからといってまったくの悪人でもありません。

黒か白か二極化思考で悩むことはないのです。葛藤する必要もありません。湧き上がる思いは仕方がないのです。

善悪の二極で物事を捉えることをしないでください。縁切りをタブー視しないでください。ご縁は一生変化の無い固定されたものではありません。

まるで生きているように日々その形を変えるものなのです。

あなたの感情が一瞬一瞬変わるように、ご縁も変わるものです。

たとえば、小学生の頃のことを振り返ってみてください。その頃の友達関係はとても大切なものでしたよね。でも今、その中で同じように強い絆で繋がっている人は何人いるでしょうか？

自然と縁が切れた人もいるでしょう。あなたから遠ざかった人も、向こうから離れた人もいるかもしれません。

そして、あなたにとっては、今いる場所の人間関係のほうが重要度が高いはずです。

ステージが変わったのです。

過去のあなたと今のあなたは同じステージには立っていません。それは現実世界でも魂の世界でも。ステージが変われば縁も変わります。

あなたは、小学生のお友達で、自然と縁がなくなった人に強い罪悪感を感じますか？

そのステージで学ぶべきものが終わっただけ。魂の世界はシンプルです。

だからといって、縁切りを願ったら現実世界でもすぐに縁を切るべきだといっているわけではありません。

タイミングや事情もあるでしょう。距離を取るという選択もあるでしょう。また付き合い方を変えるというやり方もあります。

「魂の縁のあり方」と「リアルな縁のあり方」の間に、上手に折り合いをつけること。そこから、相手と自分の自然なご縁のあり方が決まっていくのです。

でも、どうしても縁が切れない関係もありますよね。親子関係、夫婦関係など、どんなに切りたくても簡単にはいかないケースは多くあります。

それでもその関係に振り回されない魂の距離感を作ることはできるとわたしは信じています。

臨死体験で分かったこと

わたしは25年前に、心筋梗塞で倒れ、不思議な臨死体験をしました。その時、自分の人生を走馬灯のように逆走して振り返った記憶が今でも鮮明に残っています。

今の自分から、過去の自分に記憶が早回しに戻っていきます。わたしは自分の人生を遠くから見ていました。そして自分の命が宿った瞬間にも立ち会ったのです。

そのとき、わたしは一つの形のない魂として宇宙空間を漂い、なんというか〝大いなる存在〟から指示された、自分の両親となるべき人物を探していました。

そして、まるで新幹線の予約した座席を探すみたいに「あ、あそこだ！」と見つけて飛び込んでいったのです。

この臨死体験から、わたしは自分の親への感情が大きく変わりました。

それまでは「親だから、分かってくれて当たり前」「親だから愛してくれて当たり前」と強く思っていました。

そのため親に不満があり、ケンカばかりしていました。

でも、その臨死体験の中で、両親は、たまたまクジに当たったかのようにわたしを宿すことになった！　それがはっきりと分かった気がしたのです。

しかもわたしのように勝手ばかりしている親不孝な「ハズレクジ」に当たった親……。

「親ガチャ」ならぬ、「子ガチャ」にハズれた両親に申し訳ない思いと感謝の思いが湧いてきて、宇宙空間でわたしは号泣していました。

そしてそのとき、わたしは死の淵から戻ったのです。

その体験をしてから、わたしは親との縁の捉え方がガラリと変わりました。

肉親という強い血の絆ではなく、もっとドライなもの、たまたまこの現世で繋がれたご縁ということが分かったからです。

だからこそ、感謝の気持ちも強くなり、この現世でご恩返しできることをしたいと考えるようになりました。

血の繋がりは、ご縁の中でもとても強いものがあります。

わたしが臨死体験で感じたのは、親にとっても、子どもにとっても、現世で学ぶべきものがあり、その一つが親子の関係だということ。

親子関係の課題をクリアすることが生きるテーマの一つだということです。

だからこそ、その学びをしっかりと意識することが大切です。

「この関係からわたしは何を学ぶべきなのだろう」と捉えて、その学びに向き合うことが必要なのです。

だからこそ、縁切りは簡単にはできません。でもその悩みの中に埋没しないでいただきたいのです。肉親でも、個々の魂は別々です。

親も子も、互いは所有物ではなく、適切な距離感、感情や考え方を認めあうこと。相手も自分も楽になる方法を模索すること。縁切りをすること――。

どの道に進むにせよ、親子に生まれた魂の意味を考えてくださいね。

ご縁は、それが肉親であれ、恋人であれ、会社の仲間であれ、必然の偶然です。

だからこそ、必要なときは一緒に歩み、そして、ステージが変わるときには離れます。

それが自然なあり方。

「こうでなくてはいけない」と自分を縛らないでください。

ステージが変われば、縁もまた変わっていきます。

そのことを受け入れて、自由に、柔軟に生きていっていただきたいと思っています。

前世からのご縁

ご縁を魂の世界から考えるとき、「前世からのご縁」というものが存在するとわたしは考えています。

たとえば何人かのお子さまがいらっしゃるお母さまをオーラ透視すると、前世からご縁のあるお子さまと、今世で初めて出会ったお子さまなどの違いが分かることがあります。

そのことをお話しすると、

「それ、すごく分かります。一人の子どもは抱っこした瞬間、ああ自分の子だ！　とすぐに感じたのです。でも、もう一人の子は、自分の知らない魂に出会った気がしました」

とおっしゃる方がいます。

また「他の子は理解できるのだけれど、この子の考えていることだけさっぱり分からないのです」とおっしゃる方もいます。

わたしたちは、何度も生まれ変わりを繰り返す中で課題をクリアしていきます。

たとえば前世で占い師だった方は、まるで一度覚えたことを思い出すだけのように、占いの習得が異常に早いものです。

もちろん、そのまま天職として占い師になる方もいらっしゃいます。でも、そのような方が全員プロになったり成功したりするわけではありません。

前世で越えられなかった課題にまたぶち当たる人も多くいます。たとえば、お金の問題、家族の問題などなど。

「あんなに実力があるのに、なぜ？」と思う人が、占い師の友人には何人もいました。きっと前世のやり残しをクリアしなければ先へ進めないのでしょう。

その方の今世の課題は占い師になることではなく、自分の好きなことをやりたくても、邪魔するものとの戦いなのです。

縁もまた同じです。

前世の関係性からの繋がりの中で、今世のテーマが決まっています。

前世で自分を助けてくれた人にご恩返しをするご縁もあります。

前世で敵として戦っていて、その借りを返すご縁もあります。

結ばれなかった男女が親子として生まれるご縁もあります。

そして現世で初めて出会うご縁ももちろんあるのです。

その場合は、現世で新しく課題を与えられているのです。その人の考え方や存在から、あなたの魂が新しく学ばなくてはならない課題があるのです。

そして、そのご縁がプラスのものであれ、マイナスのものであれ、前世からの課題をクリアしたときには、そのご縁は終わります。

終わるべきご縁は、終わらせなくてはなりません。

なぜなら来世にまた持ち越されてしまうからです。

輪廻転生の魂の世界からみると、ご縁は、さまざまなものが混在しています。

縁切りして終わらせるべきご縁、自然消滅するご縁、来世に持ち越すご縁、新しいご縁……。

魂の世界には、まるでミルフィーユのように層があり、ご縁が終わるということは、生きるステージが異なる層に変わること。

縁切りは、ただ層が変わるだけで、その人を抹殺するわけではありません。魂の世界にはステージがあり、そこでの学びがあるのです。

占星術からみたご縁

占星術という占いは、多くの要素を多方向から見て占う術です。あなたが「牡羊座です」というときには、あなたの太陽が「牡羊座」というだけ。

実際にはいくつもの星の位置や、その星と星の関係性などを見て運勢を紐解いていきます。

そして、生まれた時の星の位置と、今現在の星の位置の関係から運気を読んでいきます。

たとえば、今はチャンスの時期なのか、我慢するときなのかは、あなたの生まれた時の星の配置から導き出されるのです。

そこにもう一つ、占星術には「プログレス」というものがあります。

それは生まれた時の星の位置を、星の成長する速度で測るものです。

だからこの「プログレス」には、運気というより、その人の人生における課題や学び、また興味の方向性などが示されます。わたしはこれを「人生時計」と呼んでいます。

この「プログレス」を見るときに、わたしは「不思議だなぁ……」と思うことがよくあります。

それは、その「プログレスにあらわされる」課題、学び、興味となるところに、重要な星がある相手と恋愛したり結婚したりするケースをよく見るからです。

そんなとき、「パートナーシップとは違う価値観を知る学び」という思いが強く湧き上がります。

そして、プログレスは時計のように動くものですから、ご縁が結ばれる運気もあれば、終わるべき運気もあるのです。

別れるときは、あなたの人生の課題が変わるとき。あるいは相手の課題が終わるときかもしれません。

同じステージで、違う価値観や考え方を学び、卒業する。占星術の世界では、運気はまるで人生学校のようです。

もちろん生まれた時の星の位置で、相性が良く価値観が同じという場合も多くあります。

だから「いつか終わる」と心配しないでくださいね。

もし、別れが来たときは、時計の針が進んだと思っていただきたいのです。

占星術は、宇宙からみた魂のあり方を紐解いていくものです。宇宙からみると、縁は、まるで幻のようなもの。

そして、自分もまた実体があるわけではなく、そのとき、生じている縁のネットワークがあり、そのネットワークがあなた自身、あなたを形作っているものです。

そしてそのネットワークはとどまっているものではありません。

あなたのネットワークを形作っている要素が日々変化するように、あなたもまた日々変化しています。固定できるものではないのです。

わたしが臨死体験で感じたように、魂はもともと孤独なもの。

この現世で、それぞれが、学ぶべき人や出会うべき人と出会います。そして縁切りすべきときに、縁を切るべき人と縁が切れていくのです。

魂の世界では縁切りは卒業。

でもまた出会うべきときには復活することもあります。そのときはまたあなたとそのお相手は魂のステージが一緒になったということです。

現実の世界では、ご縁は自分が選んでいるように思えるでしょう。でも魂の世界では、見えない力で導かれているのです。

悪霊からの縁切り

悪霊は、人に取り憑《つ》くというより、自分の居場所に存在し続けることがほとんどです。

もちろん祖先からの因縁による悪霊や水子の霊などが憑いている場合はあります。でも縁のない人に憑いてまわっているのは、その人が悪霊の居場所などで、体を乗っ取られた場合が多いのです。

たとえば、心霊スポットなどで、悪霊は霊媒体質の人に取り憑きます。でもたいていはその場所に居残るため、その場を離れたり、霊能力者に祓ってもらえばおさまります。そのままその人の家までくっついていくような場合は、悪霊にとって、よほど心地よい人だったということでしょう。

また、海や山などの事故で、悪霊の仕業によるものは数多くあります。

でもその人に縁のある霊ではありません。そこにいた悪霊にたまたま事故のように取り憑かれて生命を落としているのです。

悪霊は場所に憑く。

だからオンライン鑑定や写真鑑定で部屋がチラと見えたとき、あるいは風水鑑定でお宅にお邪魔したときに「なんかおかしい」と感じることは数多くあります。

悪霊は自分が亡くなった場所で彷徨《さまよ》っていることが多いのです。その方の住んでいる家でなくても、近い場所に彷徨う悪霊の影響を受けている場合もあります。

あくまでわたしの印象ですが、彷徨う悪霊に素早い動きは感じられません。そこにたむろしていることが多いので、人に憑いてまわるということはあまりないのです。

でもだからといって、そこに住まう人になんの影響もないかというと、それは違います。とても大きな影響を及ぼします。

だから、引っ越してから明らかに健康状態が悪くなったり、仕事がうまくいかなくなったりしたときは悪霊の影響を考えてください。

悪霊のたむろする場所は、そこだけ淀んだように暗く感じたり、重く感じたり……。

他の場所とは明らかに、気の違いが感じられます。温度差があるような感覚です。

亡くなった人の姿が見えることもあります。

また声が聞こえたり、ラップ音を出して存在を知らせてくることもあります。

なぜなら悪霊は「自分の存在に気づいてほしい」「話を聞いてほしい」と思っているか

らです。

そのために、自分と似たエネルギー状態にその人をひっぱりこもうとするのです。仲間のような存在とさせていくイメージです。

それが可能となったときに、身体に入り込みます。どんなふうになるでしょうか？

たとえば、心霊スポットに行って悪霊に取り憑かれると「怖い」「離れてほしい」と感じるのではと思いませんか？　実はまったく違います。

悪霊に取り憑かれると、その悪霊の気持ちと同じようになるので「もっとここにいたい」「気持ちが良い」と考えます。

自分自身がその悪霊と同じような考え方をするようになります。

だから、急に食べ物の好みが大きく変わったり、性格が急変したときなども、悪霊の仕業が考えられます。

でも側《はた》から見ると明らかに変だと思っても、本人は気づきません。むしろ心地よいと感じているのです。

反対に、能力者にその悪霊を祓ってもらうときのほうが、驚くほど抵抗したり、苦しんだりします。悪霊がその人の体から離れたくないのですね。

悪霊は、自分の居心地がよくなるように、取り憑いた人の運気をだんだん落としたり、体調を悪くしたりします。

鑑定でも稀に取り憑かれた人を見ますが、わたしは悪霊祓いはしないことにしています。なぜなら悪霊の縁切りは、やはり寺社のご祈禱などが一番だと思っているからです。祓うより、供養して成仏してもらうことが大切だからです。

お守りやお札などでも効果が高いものもあります。わたしの知っているところでは、出雲大社東京分祠で授与される「出雲屋敷」が最強です。

特別なご祈禱をしていただき、家の四方に貼る札をいただきます。

このご祈禱と札で、怪異がなくなった人を何人も知っています。

また、晴明《せいめい》神社の方除札《ほうよけふだ》も有名です。

家の玄関や鬼門に祀り、邪気が入るのを防ぐお札で、玄関、表鬼門と裏鬼門に祀るとよいとされています。

ご自身で祓うとしたら、窓や玄関などの開口部すべてに、赤外線センサーを取り付けるように、左右に盛り塩を置くのが効果的です。

また階段や鬼門、裏鬼門には塩と小豆を混ぜたものを置いてください。

お線香やセージなどの空間浄化に効果のあるものを部屋の隅から隅まで漂わせることも試してください。

香りを使うときの注意点は、香りを蔓延させること。隙を作ってはいけません。

また、特に空気が淀むところや水場は、悪霊の好む場所。

掃除はこまめに行い、空気の入れ換え、陽の光を入れるなどを試してください。

これら自分でやる悪霊祓いは、すぐに効果があらわれることはありません。

悪霊が居づらくなるまで、浄化の習慣を続けることが大切です。

場所に居座る悪霊は、そうそう簡単に祓えるものではありません。

わたしの友人から聞いた話ですが、彼が新しい家に引っ越した後、怪我や仕事の失敗など悪いことが続いたそうです。

そこには古い井戸がありました。

そのせいかもしれないと業者に撤去を頼んだところ、工事のとき、空気の塊のようなものが飛んできて業者が大怪我をしたそうです。

彼は、わたしもよく知る神奈川のお寺のご住職に井戸祓いを頼みました。

このご住職は井戸祓いの名手です。

お祓いの後は井戸の埋め戻し工事も無事に終わり、その友人も結婚や新しい仕事が決まるなど、人生が良いほうに激変しました。

これ以外にも、庭に古くからある木を切る、住宅を取り壊すときなどは要注意です。

地鎮祭と同じくお祓いをお願いすることを強くおすすめします。

また、仏壇や神棚を処分するときは必ず魂抜《たましいぬ》きが必要です。

ご両親などが信仰していた寺社で、仏像をいただいていた場合、その仏像には魂入れをしていることがほとんどです。

必ず寺社に相談して魂抜きをして、お焚き上げをお願いしてください。

また、先祖の因縁、水子の霊も想像以上に影響を与えます。

わたしが鑑定でよくみるのは水子の霊です。

愛情を切望して、自分の存在をアピールするために悪さをしています。

あなたの愛情やお詫びの気持ちを、供養に変えていただきたいと思います。

ご先祖さまや亡くなった肉親の供養はちゃんと行うことで、あなたの守護霊として守ってくださる場合が多いものです。

ご供養のご祈禱をしているお寺は数多くあります。

お力を借りて成仏を祈ってくださいね。

悪霊との縁切りは、自分の運気が良くなるためというより、亡くなった人の霊魂を成仏へと促すことが、わたしたち、生きているものの務めだと思っています。

祓うのではなく、成仏を祈る。その結果としてあなたの人生が好転するのです。

生霊《いきりょう》との縁切り

鑑定の場では、亡くなった人の霊ではなく生霊のほうが圧倒的に多くみます。亡くなった人は、その場所に居座るものが多いのですが、生霊はべったりとくっついています。生霊の怖さは、飛ばしている相手も、また飛ばされている本人も気づかないことが多いということです。

恨み、妬み、嫉妬、怒り……これらの強い感情が生霊となります。本人は気づかなくても、真っ黒な人影がみえます。

そして、「こんな人かなぁ」というのも悪霊よりはっきり分かります。そして、運気を落とす大きな要因となります。

意地悪な同僚、パワハラ上司、妬んでいる友達、憎まれている過去のパートナー……その人の周りにいる存在であることがほとんどです。

一番の味方も一番の敵も近くにいるということです。そして、もう一つ怖いのは、その取り憑かれる人が悪人でないこともあります。

その人が何か悪いことをしたというより、相手が勝手にマイナスの感情を強くしているのです。

もちろん生霊になるほど、相手のマイナスの感情を募らせたのですから、何かしらの因はあるのでしょう。

わたしは霊視を始めてから「人には恨まれないようにしよう」と真剣に考えるようになりました。

生霊の場合は、スピリチュアルな表現でいえば、**自分の魂のステージを上げて近寄りにくくすることが一番**です。

霊というのは生霊でも死霊でも自分の存在をアピールします。「気づいてもらいたい」「話を聞いてもらいたい」と思っています。

だからあなたがその生霊と同じステージに存在しないようにすることで自然と離れていきます。

だから、優しい人のほうが取り憑かれ、自分のことしか考えていないような人は生霊の影響を受けにくいことさえあります。「憎まれっ子世にはばかる」という諺《ことわざ》がありますよね。

そのような事象を見ると、悪い人にバチが当たるわけではないことに虚しい気持ちになります。

だからといって、悪人になることはありません。自分の魂をより高い次元へと上げる。これが本当に一番の解決策となります。

生霊が憑いていることは、体で感じることがあります。肩が重い、足が重いなど、健康的に何の問題もないのに不調を感じるときは疑ってみてください。

自分でできる生霊祓いは「浄化」の類を試してください。お風呂に塩を入れる。塗香《ずこう》というお香の粉末で祓うなどは大きな効果があるでしょう。

拙著『幸運が舞い込む浄化・邪気除け生活――「スマホ風水」は最強の開運法』では、邪気除け、浄化の方法をご紹介していますので、ぜひ参考にしてください。

生霊の場合は、よほどひどいものでない限り、自分で浄化することが効果的と考えています。

生きている限り人間関係のトラブルはつきもの。それと向き合い、自分のステージを上げていく。それが結果として、あなたの開運に繋がっていくと、わたしは信じています。

第4章　全国の縁切り神社&お寺さんパート①

――京都・福岡・山形

1　京都　安井《やすい》金比羅《こんぴら》宮《ぐう》

金毘羅《こんぴら》さんというと、わたしはどうしても呪術的な力を感じてしまいます。他の神社とは何か違う、特別なエネルギーを使って現実を動かす。そんなイメージです。

わたしの友人の勤める会社で、社長が金毘羅さんを信仰しているところがあります。

毎年お正月には特別な祈禱をしていただくそうです。口外不可なので、詳しくはお話しできないのですが、非常に変わった呪術的な儀式です。

その会社は、零細企業でしたが、今や新宿の有名な高層ビルのワンフロアに陣取り、およそ1000人の従業員を抱える会社となっています。

その会社の発展を見てきたわたしにとっては、信じられないような窮地脱出の歴史があり、「そんなことあるの?」と驚くようなエピソードをいくつも聞いています。

金毘羅宮のご祭神は、諸説ありますが、大物主神《おおものぬしのかみ》と崇徳《すとく》天皇です。

大物主神は蛇神《へびがみ》ともいわれ、わたしの印象ではやはり不思議な力を持つ神さま。そして、崇徳天皇は、怨霊神として有名です。

金毘羅さんは、どこか見えないところで何か呪術的な力を有している……そんな印象なのです。

「寺社にそんな呪術的な儀式や力があるの？」と思う方もいらっしゃると思いますが、あります。

東京のある神社は、信者以外には口外不可の特別な儀式をしています。一度だけ参列したことがありますが、あまりに不思議な行事で言葉を失いました。

その儀式はＳＮＳには一切情報が載っていません。たまたまご縁があって参列しましたが、その時、神主さまから、「何をお願いしたいの？」と聞かれました。

「その神社の近くのスタジオで、声優のレギュラー番組を持ちたい」と伝えたところ、その神主さまが「叶えてあげるね」とおっしゃってくださいました。

その数週間後に本当にそのスタジオでレギュラー番組が決まり、驚きました。

ただしその後、その儀式は絶対に部外者を入れてはいけないとの信者さまのクレームがあり、わたしは二度と参列を許されていません。

他の神社でも、特別な呪術を使っていると聞くところはいくつもあります。

寺社の閉じた世界の中には、わたしたちが理解できないようなパワーが隠されています。

表向きは、有名なパワースポットで参拝客で賑わうところ。

でも裏には人々のお願いごとを叶えるために、呪術的な力を秘しているのです。

金毘羅さんは、その秘されたパワー、妖しの力を強く感じる神社です。

その中でも特にその妖しの力を強く感じるのが、縁切り神社として有名な京都の安井金比羅宮です。

縁切り神社の取材地として、一番に訪れました。

いまや多くの人が訪れる観光地ですが、やはり一歩中に入ると、妖しの力がびんびんと伝わってきます。

「せ、狭い……」

「見られていたら恥ずかしい……」

「抜けられない！」

なんのことかと思われましたか？

これは、安井金比羅宮の「縁切り縁結び碑」をくぐった時のわたしの心の声です。

縁切りといえばここと言われるくらい、日本で一番有名な縁切り神社、安井金比羅宮。

紹介する記事に必ず掲載されるのが、この「縁切り縁結び碑」です。

高さ1・5メートル、幅3メートルの絵馬の形をした巨石には、中央に亀裂があり、こ

の亀裂を通して神さまのお力が円形の穴に注がれているのです。

この岩には「形代《かたしろ》」という身代わりのお札が無数に貼られています。

「夫と浮気相手の縁を切ってください」

「好きな人と結婚できますように」

「病気と縁が切れますように」

「転職できますように」

さまざまな切実な願いが形代に書かれ、この巨石に貼られている様は、一種異様な雰囲気です。

多くの人の願いごとが一つのエネルギーとなって石のまわりをぐるぐると回っているのを感じます。

多くの人の念が集合体となり、この石をまるで生命《いのち》あるものにしているような不思議な情景です。

ここで自分のお願いごとをお伝えするには、

順番があります。

まず本殿にお参りをします。

そして、形代に願いごとを書いて、お賽銭《さいせん》をお納めします。

このお賽銭はお気持ちでよいとされています。

その形代を持って、縁切りの願いごとを心で念じながら碑の表から裏に穴をくぐります。

まずこれが縁切り祈願です。

そして、今度は縁結び。

先ほどとは逆に碑の裏から表へ、良縁を願いながら穴をくぐります。

これが良縁祈願となります。そして、最後に形代を碑に貼るのです。

冒頭は、この穴をくぐった時のわたしの心の声とお伝えしました。

とにかく穴が狭いのです。

人ひとり入れるくらい。

くぐるのは想像以上に大変！

しかもまわりに人がたくさん待っているので、気も焦ります。

でも、集中して心の中で願いごとを念じて、表から裏、そして裏から表へと穴をくぐり終え、無事形代を貼った時は、達成感と開放感を得ることができます。

一言でいえば、スッキリします。

自分の心の中にあるモヤモヤをこの碑に託し、重荷をおろしたような感覚。

自分の心の中の執着からの縁切りの感覚です。

この安井金比羅宮は、崇徳《すとく》天皇を主祭神《しゅさいじん》としています。

崇徳天皇は、戦いに敗れ、讃岐《さぬき》の地に流された悲劇の天皇です。

46歳で崩御された崇徳天皇。流された讃岐の金刀比羅《ことひら》宮で一切の欲を断ち切っておこもりされていました。

このことから、安井金比羅宮は「断ちもの」の祈願所として信仰されていたそうです。

「断ちもの」というのは、自分の好きなものや、悪いとわかっていてもやめられないもの、たとえばお酒などをやめるかわりに願いを叶えてほしいと祈る祈願法。

願いを叶える大きなお力があるとされています。

また、安井金比羅宮のホームページには、讃岐の地に流されたことで愛する人と心ならずも別れることになった崇徳天皇が、人々が自身のような悲しい境遇にあわないように、男女のえにしを妨げるすべての悪縁を切ってくださる、と書いてあります。

だからカップルでお参りしても大丈夫！

むしろ良縁は守ってくださるので、より幸せにしてくださるご利益があります。

わたしは幸せそうに見えるカップルでも心の中に迷いがある人をたくさん見てきました。

「結婚していても昔付き合っていた恋人が忘れられない」

「もしあの時違う選択をしたら、どんな人生だったんだろう」

「あの人のほうが運命の人だったのではないか？」

答えのない質問ですが、心の中にしこりのように残るものを消すことはできません。

また、幸せを妨げる邪念には、「独占欲」「嫉妬心」「疑いの心」もあります。

愛するがゆえとはいえ、相手にとっては重く感じるもの。

それでケンカとなり、うまくいっていたお付き合いが、一気に別れに転じるケースは本当に多くあります。

これをわたしは「自爆別れ」と名付けています。

なぜなら、相手を信頼して、疑いの心に左右されなければ、うまくいっていたのに、自分からケンカして壊しているように見えるからです。

自爆別れの場合、自信のなさからケンカを仕掛けるケースがほとんどです。

「わたしのこと本当に好き？」という気持ちがケンカをふっかける行動としてあらわれてしまいます。

「何があっても好きだよ」という言葉を引き出したいのです。

でも相手には、その行動が重いと思われて自爆してしまいます。

つまり別れを告げられてしまうのです。

だから、わたしは、お客さまにはあらかじめ自爆しないように必ず注意するようにしています。

「不安をケンカという形で相手にぶつけないように」

この自爆は、結婚直前などお付き合いが幸せな形で結実する直前に起きがちです。相手の気持ちが自分に向いてないときには、むしろ振り向かせることに必死です。

ところが結婚の話が出て、いよいよというときに疑問が湧き起こります。

「本当にこの人でいいのか」

「わたしのことを本当に愛しているのか」

相手を愛することはできても、心から信頼することは難しいもの。

そんな心の迷いから縁切りして、せめて直前の自爆だけは避けていただきたい。

信頼は、時間をかけて築きあげるもの。

一つひとつ心の迷いをクリアにして、絆を強くしていくもの。

ご縁があって一緒になったのなら、心の迷いから縁切りしてより幸せになっていただきたい。

それを崇徳天皇は願っていらっしゃるのでしょう。

縁結びと縁切りは表裏一体。縁結びの中にも、迷う心への縁切りがある。

そして縁切りの中にも、縁切りして幸せと縁結びするんだという強い決意が必要です。

それが不幸なご縁なら、現実にも、そして心の迷いからも縁切りして解放される。それがなければ、幸せな縁結びもありません。

この「縁切り縁結び碑」の穴をくぐるとき、縁切りと縁結びがまるで螺旋《らせん》のように絡み合うエネルギーを、わたしは強く感じました。

だからこそ、その絡み合う糸をほぐしていくような困難さを感じたのかもしれません。

2　福岡　野芥《のけ》縁切地蔵尊

あなたは「ムカサリ絵馬」を知っていますか？

わたしは次項で紹介する、山形県の立石寺《りっしゃくじ》で、奉納されている多くのムカサリ絵馬を見ました。

ムカサリ絵馬は、山形県に江戸時代から残る風習です。

結婚せずに亡くなった子どものために親などが、子どもの結婚式を絵馬にして奉納するもの。死者の婚礼（冥婚）を描いた絵です。

幸せそうに描かれているのですが、ひと目見て死後の世界を描いていると分かる、異様な気を放っています。率直にいえば、生々しい死の匂いがします。

このムカサリ絵馬は、生きている人を婚姻の相手として描いたらいけないといわれています。その相手が死んでしまうとされ、実際に亡くなった人もいるようです。

そのくらい強い、死への吸引力を感じる絵が描かれているのです。

このムカサリ絵馬は、実際の目的は供養ですが、供養を超えたものを感じます。「若くして亡くなった子が、あの世で幸せになって欲しい」。そんな親の思いが、無念の気持ちとして伝わってきます。

「なぜ我が子は死ななくてはならなかったのだろう」。そんな声が聞こえます。

それと同じような感覚になったのが、福岡の野芥縁切地蔵尊の絵馬です。

背中合わせの男女が悲しい顔をしてうつむいています。

縁切りを願う絵馬なのですが、縁切りが叶ったとしても「なぜうまくいかなかったのだろう」という、人生が思いどおりにはいかなかったことへの無念の思いが伝わってくるのです。

野芥縁切地蔵尊は、福岡県の縁切りパワースポットとして有名なお地蔵さまです。

あなたは道路沿いにお地蔵さまがポツンと立っているのを見かけたことは、ありませんか?

やはりここも、住宅街の一角に小さな地蔵堂があるだけ。中には、縁切りの願いを叶えるお地蔵さまが……と思いきや、想像とまったく違うその姿に驚きます。

こちらのお地蔵さまは原形をとどめていません。まるでゴツゴツした石のかたまりを祀っているようです。

実は、この縁切地蔵は、その石を削って相手に飲ませると縁が切れるといういわれがあるのです。

長年にわたり、あちこち削り取られた無残な姿。

地蔵菩薩《ぼさつ》さまが自分の身を削って、人々を苦しみから助けてくださるご利益を体現しているようで、ありがたさに胸が締めつけられます。

地蔵菩薩さまは、このように庶民の苦しみに寄り添ってくださる仏さまです。でも仏教の世界では、菩薩は如来《にょらい》の次に悟りに近い存在といわれています。

仏の世界にもヒエラルキーがあります。

釈迦《しゃか》如来や大日《だいにち》如来は悟りを開いた存在、つまりＴＯＰです。

次が菩薩となります。

地蔵菩薩や弥勒《みろく》菩薩、観音《かんのん》菩薩などの「菩薩」は、如来になるための修行中ですが、如来になることを約束されている存在です。

そして三番目が明王《みょうおう》。

不動《ふどう》明王、愛染《あいぜん》明王などの明王は、憤怒《ふんぬ》、つまり怒っている表情で描かれていることが多いですね。明王は、煩悩《ぼんのう》を払う役割を担います。

そして一番人間に近い位が、大黒天や弁財天などの「天部の神さま」となるのです。

天部の神さまは、人間の煩悩を理解し、欲望を叶えることで悟りに導くと言われています。

菩薩は人の心を清浄にして導いてくださる働きがあります。

その中でも地蔵菩薩さまは、庶民の身近な願いや苦しみに寄り添ってくださる仏さまです。

そのため、位の高い仏さまにもかかわらず、道の端に祠に入って祀られているような素朴な姿をよく見かけるのです。

それにしてもそのお姿すらわからなくなるほど削り取られている地蔵菩薩さまはあまり見かけません。

この野芥縁切地蔵菩薩の近くには、石を削るためのノミのようなものが置かれています。

わたしもそのノミで地蔵菩薩さまのお身体を少し削って口に入れてみました。

何故かしょっぱい味がします。それが地蔵菩薩さまの涙の味のようで、切ない気持ちになりました。

また、この野芥地蔵尊で有名なのが、独特の絵柄の絵馬です。悲しそうな男女が背中合わせに描かれています。

男性はスーツにネクタイを締めた服装。口をぎゅっとつぐみ、うつむいています。女性

はワンピースでレトロな髪型です。
やはりうつむいて悲しい表情を浮かべています。背中を向けた男女のひとコマ。それがなんとも物悲しい雰囲気を漂わせているのです。

本当は幸せを願って縁を結んだ相手と、向かう方向が違ってしまう。その運命の皮肉、人の縁の儚さを感じる絵柄です。

絵馬というのは、いわば神仏へ届けるメッセージ、お手紙のようなもの。寺社には、それぞれに趣向を凝らした絵馬があります。

そのご利益に応じてさまざまな絵柄が描かれ、最近では、長方形のものばかりではなく、ハート形や犬の形をしたものなど、見るだけでも楽しい絵馬もたくさんありますよね。

でも、このような不幸なイメージの絵柄はあまり見たことがありません。

この絵馬は、近くのサイクルショップで購入できます。

そこのご主人は、この縁切地蔵尊をお守りするためにボランティアで絵馬を販売しているそうです。悩みを打ち明けていく参拝者も多いとのこと。

8割は女性で恋愛や離婚の悩みがほとんどだそうですが、病気との縁切りを願う方も多くいらっしゃるそうです。

この絵馬は一枚一枚手描きで描かれています。野芥地蔵尊に奉納された後は、近くの菊池神社でお焚き上げをしていただくそうです。

菊池神社は縁切り神社ではありませんが、神主さまが、この地蔵菩薩さまのお仕《つか》えもされているのですね。

わたしは先ほど地蔵菩薩さまは道にポツンと祀られていることが多いとお話ししました。でもとてもきれいに保たれているところが多いとも感じます。その土地の人たちが守っているのですね。

この野芥縁切地蔵尊も、保存会の方々、菊池神社さま、サイクルショップのご主人など、この土地の方々のお力で大切な存在として今日まで残されていると感じます。

きれいに掃除が行き届き、お堂の中にいると暖かいエネルギーを感じます。お地蔵さまの胎内で守られているような気持ちになるのです。

傷ついた人々が訪れ、お地蔵さまのお力で救われてきた歴史のエネルギーなのでしょう。

またこちらには、絵馬の他に、お地蔵さまへのお願いのお手紙、祈願書が封筒に入れられて掛けられています。親切なことにお地蔵さまの足元に画鋲が用意されていました。

その画鋲で絵馬掛けに留めるようになっているのです。

どんなことが書いてあるのかは、封筒に入っているのでもちろん分かりませんが、縁切りを願う悩みの切実さが伝わってくるようです。

この地蔵堂は比較的新しいものなのですが、調べてみると歴史はかなり古いようです。かつては「於古能地蔵《おこのう》」と呼ばれていたそうです。

地蔵堂の入り口には、もう剝げて読めなくなった「於古能地蔵」という扁額《へんがく》が掛けてあります。

由来はなんと、千三百年前にさかのぼります。和銅年間のこと、土地の長者、富永兼縄とお古能姫《このう》の縁談がまとまりました。ところがその結納の日、新郎兼縄が逃げ出してしまったのです。

困った兼縄の父、照兼が輿入れ当日に息子が逃げたとあっては新婦に顔向けできないと、「息子兼縄は急に死んでしまった！」と嘘の言い訳をしたそうです。

使いをお古能姫の元に出し、その知らせを聞いたのがここ、野芥の地だったとか。お古能姫は「早や嫁ぐべき家も無し」と自らの命を絶ってしまったそうです。

そんなお古能姫の死を悼んで、土地の人々が供養のためにお地蔵さまを建てたのが、この野芥縁切地蔵尊なのだそうです。

地蔵堂は、昭和60年に全焼したため翌年建て直されたとのこと。長い期間、この土地の方々によって大切に守られているのですね。

この地蔵菩薩さまは、お伝えしたとおり、縁切りしたかった人が縁切りしたのではなく、縁切りしたくなかった人が縁切りをされて自ら命を絶ち、その供養のために祀られたものです。

この絵馬を見ても感じるのですが、男女の仲というのは皮肉なものです。別れたくないのに別れを言われるときもあります。別れたいのに別れられないときもあります。

「好きな人には思われず、好きでない人に思われる」。鑑定のお客さまからもそのような悩みをよく聞くものです。

自分が愛している人から愛されるというのは、本当に奇跡のような人生の幸運なのだと思います。

この野芥縁切地蔵尊は縁切りのパワースポットですが「こちらにお参りした後は、愛宕《あたご》神社にお参りしてください」とサイクル店のご主人に言われました。

すぐ近くの愛宕神社は、縁結びでも有名なパワースポット。縁切りをした後は、良縁成就を祈ります。

一方通行が多い男女の縁。思い思われる相手と出会うことができますように……。そのために一方通行の思いを断ち切ることができますように……。

野芥縁切地蔵尊は、そんな願いを暖かく包んでくださる。そんな優しさを感じるパワースポットです。

3　山形　立石寺《りっしゃくじ》

映画『3月のライオン』。

神木隆之介演じる、天才棋士・桐山零《きりやまれい》が、将棋界の神と呼ばれる宗谷《そうや》名人との死闘の対局に臨む場面。

切りたつ山崖《さんがい》の石段を一段一段踏みしめるように登っていく。

たどり着いた山頂の堂内に待つ宗谷名人。

畳の上に置かれた盤を挟んで向き合う二人の向こうには、その昔、修行僧がこもった崖《がけ》上《うえ》の庵が見える。

このロケ地となったのが、山形県山形市にある宝珠山《ほうじゅさん》立石寺。

通称、山寺という名で知られています。

このストーリーから想像すると、山寺はどんな山奥にある秘境だろうと思いますよね。

宝珠山立石寺は確かに山奥にあるのですが、交通の便はとてもいいところです。

仙台から、ローカル線の仙山線《せんざんせん》で60分ほど。

そして、山寺駅の目の前が宝珠山の登山口になっています。

駅前には、山形の名産である蕎麦屋が立ち並び、秘境というより、のどかな山の寺という風情です。

でもここは、その昔、僧が煩悩《ぼんのう》を断ち切るために命を賭して修行をした名刹《めいさつ》。

一歩、登山口に足を踏み入れると別世界が広がっているのです。

でも、奥の院や五大堂のある山を登る前にぜひ立ち寄っていただきたいお堂があります。

それは、根本中堂《こんぽんちゅうどう》。

「山形県・縁切り」と検索するとまず「山寺」が出てきます。

それは、この根本中堂の本尊・薬師《やくし》如来《にょらい》が、悪いものとの縁を切ってくれるパワーが甚大だからなのです。

薬師如来は、左手に薬の壺を持っている仏さま。

わたしたちが生きている現世にご利益をもたらし、特に病気平癒のご利益が強いといわれています。

昔の人は、病気は邪気が取り憑《つ》いて起こるものと考えていました。

薬師如来は、その邪気を払い、病気など、悪いものとの縁切りにお力を貸してくださるのです。

ところで、山寺の根本中堂の薬師如来は秘仏。

50年に一度のご開帳。次回はなんと2063年です。

ここには、薬師如来のほかにもさまざまな仏さまが祀られています。

金運や家庭和合のご利益で知られる毘沙門天《びしゃもんてん》と吉祥天《きっしょうてん》のご夫婦、その子である善膩師童子《ぜんにしどうじ》。

そしてやはり邪気除けのお力を持つ不動明王《ふどうみょうおう》。

知恵を授ける文殊菩薩《もんじゅぼさつ》。

そしてひときわ目を引くのが、お堂の前の巨大な布袋《ほてい》さま。

布袋さまは、七福神の中でただ一尊、実在した人物。

いつもお寺の前にいて、その周りを子どもたちが取り囲んでいたそうです。

その様子を再現した仏像は、迫力満点。

自分の悪い場所を撫でると治癒してくださるそうです。

さまざまな邪気との縁切りを叶えてくれる神仏にぜひ手を合わせに訪れてください。

ところで、この山寺が有名なのには、他にも理由があります。

それは「奥の細道」の旅の途中、松尾芭蕉《ばしょう》と曾良《そら》が訪れたこと。

境内には芭蕉翁《おう》像と曾良の像が建てられています。

芭蕉の像は、あの山形銘菓「でん六豆」で知られる㈱でん六の社長・鈴木傳六氏が寄贈し、曾良像は、その息子である傳四郎氏が寄贈しました。

山形名産といえば、もう一つ！

登山口の前の茶屋にはこんな旗が。

「山を登る前に玉こんにゃくで腹ごしらえ」

山形名物の玉こんにゃく。

こんにゃくで１０００段の石段を登りきる体力がつくのかは別として、こんにゃくも体内の砂を落とすことから、邪気除けのパワーがある食べ物です。

よく味の染みた玉こんにゃくをいただいたら、いざ山頂目指して出発です。

山寺は、８６０年、清和《せいわ》天皇の命を受けて慈覚大師《じかくだいし》が開いた霊場。

仏法の修行道場であり、中には命を落とす修行僧もいました。

その場合は煩悩を払えないために亡くなったとされるとあり、その修行がどんなに厳しいものであったかが分かります。

でもわたしは山寺にお参りすると、なぜか包まれるような暖かいエネルギーを感じます。

その正体は何かと考えると、死の世界との近さのような気がします。

現代の世の中は死の匂いがしません。

死の存在を忘れるために、ことさらに華やかで喧騒に満ちているようにすら感じます。

だからなおさら死は忌むべきものとして恐れられ、不浄なものとして目を背けられているようです。

山寺で感じるものは、死と生を隣り合わせのものとして認識し、どちらにも尊厳をもって接する考え方です。

この山寺には、面白いお堂があります。

それは「念仏堂」。

苦しまずにぽっくり死ねるご利益で知られています。

「よく死ぬためによく生きる」という言葉があります。

良く生き、良く死ぬ。

死ぬことを恐れとして捉えない。

死は一つの世界から、もう一つの世界へと旅立つこと。その死生観をこの山寺では感じます。


山寺には、念仏堂の他に、死の世界、つまりあの世を感じさせる場がもう一つあります。

奪衣婆《だつえば》が祀られている姥堂《うばどう》。

奪衣婆とは、三途の川を渡ってきた亡者の衣類をはぎ取る老婆の鬼です。

まるであの世にここから入っていくような気持ちになります。

そして山寺の石段を一つひとつ歩くたびに、煩悩がとれていく――悟りへの道。

実際、山を登るにつれ身についた重い穢《けが》れがとれ、軽やかになっていくように感じます。

それはまるであの世に入っていくような感覚ですが、そこに恐れはありません。

心がシーンとしずまっていくのです。

欲望、煩悩があるからこそ、悩みに振り回され、自分を見失う日々。

そこから離れて、本来の自分の魂に戻れる場所。

山のエネルギーに抱かれて、自分が赤子になっていくような気持ちさえします。

あの世とは、この世での営みを終えたあと、また生を受けるまで休むところなのかもしれません。

自分の煩悩との縁切り。

それはわたしたちに静かな心を授けてくれるのでしょう。

「閑《しずか》さや岩にしみ入る蟬の声」

この霊場を訪れた松尾芭蕉の句。

この世は蟬の声が騒がしく鳴く世界。

でも、煩悩から離れた悟りの世界は、静寂に満ちているのかもしれません。

芭蕉が詠んだ句の意味を肌で感じることができる、まさに生と死の狭間にある霊場です。

一段一段、山の石段を登り煩悩を払っていく。

その静かな心こそが本当の縁切りを叶えたときの状態なのだと教えてくれます。

4　京都　貴船《きふね》神社

「見てはいけない」

そんな声が、どこからか聞こえた気がしました。

京都貴船神社。美しい緑。川のせせらぎ。川床で食事を楽しむ人々……。

そんな光景を見ながら、わたしは奥宮に向かって歩いていきました。鳥居をくぐり、杉並木の参道を進んでいきます。

すると奥宮に入る神門が見えてきました。

はっきりとそこから空気が違うことがわかります。というか、見えます。

「結界が張られている。しかも相当強く！」

まるで異世界のように、そこから空気の色が変わるのです。

わたしは思わず立ちすくんでしまいました……。そしてそのとき、わたしにはその声が聞こえたのです。

「見てはいけない」

京都貴船神社は、まったく趣の異なる3つの社《やしろ》からなります。

・本宮《もとみや》

水の神さまである「高龗神《たかおかみのかみ》」をご祭神とします。

貴船は「気生根《きふね》」とも記され、生きる源である水を司り、わたしたちの運気を盛んにさせ、願いを叶えます。

・結社

「木花開耶姫命《このはなさくやひめのみこと》」の姉姫である「磐長姫命《いわながひめのみこと》」をご祭神とします。

父の「大山祇命《おおやまづみ》」が木花開耶姫命に縁談があったとき、姉も一緒にと送り出したところ、妹姫だけでいいと返されてしまいました。

「自分のような辛い思いをしないように」

そんな思いから、縁結びの神となり人々の良縁成就を叶えています。

・奥宮

水を司る「高龗神」。

船の航行の安全を守る「船玉神《ふなだまのかみ》」、同じく水を司る「闇龗神《くらおかみのかみ》」、そして、「玉依姫命《たまよりひめのみこと》」をご祭神とします。

「闇龗神」は暗い場所にある水、「高龗神」は高い場所にある水を司るといわれています。

「玉依姫」は、水の神という説や、祖先を迎える神という説などもあり、さまざまな役割を担う神さまです。

特に神々と人間、この世とあの世をつなぐ存在として重要視されています。

奥宮は、この神々のお力で縁切りを叶える霊地です。

本宮、結社、奥宮。この3つの社は、お参りする順番も決められています。まず本宮をお参りしてから、縁切りのパワーがある奥宮で悪い縁を切り、最後に結社で良縁成就を祈ります。

それぞれ、まったく違うエネルギーを感じる三社ですが、奥宮のエネルギーは他の社とは別物、別格です。

貴船神社の奥宮は、貴船神社が最初に鎮座した地。緑豊かな山奥。川沿いの景勝地でもあるため、貴族など多くの参詣者が絶えなかったそうです。

水災のため本宮は今の地に移転。その後、奥宮は縁切りのご利益のある宮として残されました。

貴船神社は現在、良縁成就のパワースポットとして人気を集めています。

それは、平安時代の女流歌人・和泉《いずみ》式部が、夫の心変わりに悩み、貴船神社に参詣。その結果、夫の心が戻ってきた逸話によります。

和泉式部は、この貴船の神にすがるため、こんな歌を詠みました。

物おもへば　沢の蛍も　我が身より　あくがれいづる　魂かとぞみる

「思い悩んでいると、川の沢に飛ぶ蛍も、私の身体から抜け出ていく魂のように見える」

そんな切ない恋心を詠んだものです。

すると、社殿からこんな歌が返ってきたというのです。

奥山に　たぎりておつる滝つ瀬の　たまちる許《ばか》り　物な思いそ

「奥山に、飛沫をあげて飛び散って消えてしまう滝の水の玉のように、思いつめてはいけない」

これは貴船明神の声。この声により和泉式部は自分を取り戻すことができました。そして、夫の心も戻ってきたというのです。

でも、この和泉式部の歌をその解釈どおりには取れない思いが、わたしにはあります。

というのは、ここ貴船神社は、良縁成就のご利益のほかに、もう一つ有名なお力があります。

それは「呪い」。

貴船神社は丑《うし》の刻参《こくまい》りの地です。貴船神社には、気づかずに通り過ぎてしまいそうな「牛一社《ぎゅういちしゃ》」という末社《まっしゃ》があり、そこには、こう書かれています。

「ご祭神　木花開耶（古伝に牛鬼）

牛鬼は、貴船明神が丑の年　丑の月　丑の日　丑の刻にご降臨の際にお供した神　丑の刻参りは有名」

牛鬼《うしおに》というのは、主に西日本に伝わる妖怪。地域によってさまざまですが、牛と人間を組み合わせた醜悪な姿として描かれています。

人を食らう恐ろしい存在とされているところがほとんどですが、この貴船神社では、貴船明神を案内して貴船山の中腹にある鏡岩《かがみいわ》に降臨した存在といわれています。

ところが神の世界の秘密を誰彼構わず話したことで、舌を八つ裂きにされたそうです。

その後、許され、人間の姿となり、子孫代々、貴船神社に仕えたといわれています。

丑の刻参りは、ご存知だと思いますが、強い恨みを抱いた者が、その相手に呪いをかけるために行う儀式です。

草木も眠る丑三つ時……つまり午前2時ごろ。

鉄輪《かなわ》……今でいうガスコンロの五徳を頭の上に乗せ、白い着物を着て、胸に鏡を下げ、一本歯の高下駄を履き、口に櫛を咥え、頭上の鉄輪にろうそくを立てて、火を灯す。

この扮装で神社に詣でて、境内の神木に藁《わら》人形を釘で打ち付け、呪いをかけます。

これを7夜行うと、呪われた相手は釘の刺さった部分が痛みだして死んでしまいます。

この呪術で重要なことは、誰にも見られたらいけないということ。

見られた場合にはその呪いをかけようとした当人が自分の呪いを受けてしまいます。

この「丑の刻参り」をモデルにした謡曲「鉄輪」が、貴船神社を丑の刻参りの霊地として一躍有名にしました。

この異様な扮装は、人間ではないもの、つまり鬼になるということです。

自分が鬼になってでも相手を呪い殺したい！　その強烈な思いを叶えた霊地として、貴船神社はその名を知られているところでもあるのです。

そこにはこの丑の刻という時間が関わってくると思われます。

丑の刻というのは、陰のエネルギーの極まる時間。呪いの力を最も強くするパワーがあります。

また、この丑の刻というのは、丑寅《うしとら》の方角とも重なります。つまり「鬼門」ですね。

鬼門は、あの世とこの世の出入り口です。そこからは、神も鬼も出入りできるのです。

つまり異界に続くトンネルです。

こうして考えると、最初にご紹介した和泉式部の歌も、私にはとても奇妙な歌に思えてくるのです。

物おもへば　沢の蛍も　我が身より　あくがれいづる　魂かとぞみる

体から出ていく魂……これは生霊のことですよね。魂と肉体は通常は一体化していますが、離れてしまうことはよくあるのです。

最も多いのが、強い念を抱くときです。強い念は肉体には収まりきれずに、その念じる相手のもとに飛んでいってしまいます。

和泉式部はまさに生霊を飛ばす寸前だったとしか思えません。

鑑定の場では生霊が憑いている人を見ることは少なくありません。そんな時わたしは、魂が肉体を離れて存在することを、現実のものとしてはっきりと認識します。

魂と肉体は別のもの。それを幽体離脱の経験で実感する人もいます。

わたしも臨死体験をした時、幽体離脱をしました。心筋梗塞で意識不明に陥っていたはずなのですが、処置室の天井から治療を受ける自分の姿を見て、医師たちの言葉もはっきりと聞いていました。

意識を取り戻した時に「このような処置をしました」と看護師さんが教えてくれましたが、わたしは、見たままの景色だったので「知っています」と答えたくらいです。

また、スピリチュアルを学び始めてから、幽体離脱のトレーニングを受けたこともあります。眠りに落ちる瞬間に強い念を使って、体から抜け出る練習です。

そのまま寝ている自分を見たり、どこかに飛んでいったりすることもできます。

ただし、わたしの場合、幽体離脱はあまり良い結果をもたらしませんでした。

肉体を離れている間に、体調が悪くなることが多いのです。

わたしの感覚では、幽体離脱は究極の状況のときに、肉体はダメージを受けても魂はダメージを受けないようにする緊急措置というイメージです。

ただし、肉体と魂が別のものであるという実感を得ることは、人生の考え方に大きな変化を与えます。

わたしは臨死体験、またオーラ透視の鑑定の中で、肉体や現実とは異なる、魂の空間や魂の時間があると強く信じています。

その魂だけが飛んでいくことのできる場所のひとつが「異界」です。貴船神社・奥宮は異界なのです。

また最近、貴船神社・奥宮は違った側面からも大きな注目を浴びています。それは奥宮の拝殿の下に龍穴があるということです。

もともと、高龗神、闇龗神の「龗」という文字は、龍をあらわすもの。

貴船神社は龍神のパワースポットなのです。

周囲を緑に囲まれ、小川が流れる古代からの聖地。貴船山には、鏡岩があり、人が立ち入ることのできない禁足地になっています。

風水的に見て、奥宮本殿は、龍穴の条件が揃っているのです。

奥宮本殿の下には「龍神のすむ龍穴（吹井）」があると言われ、「日本三大龍穴」（ほかに大和室生、備前）の一つとされています。

そして、こんな伝説も残されています。

江戸時代後期、文久年間（１８６１〜１８６４年）の社殿修復の際に、大工が誤って龍穴にノミを落としました。

すると、たちまち天が暗くなり、そのノミは空高く噴き上げられたというのです。

また、この霊泉を目にした者は命を落とすともいわれました。

以来、現在でも、布で隠して誰も見ることのできないようにして工事を行っているそうです。そう、見てはいけないものなのです。

このような数々の逸話を通して、貴船神社・奥宮の本質的な力を、わたしは感じます。それは「見てはいけないもの」ということ。

神も鬼も、見てはいけない存在です。わたしたちの心の中にある闇も、人には見せない部分でしょう。

「見ないで！」と、わたしたちは心の中で叫んでいます。でも、わたしたちはみな、心の中に闇を抱えています。

人を呪う心、憎む心、羨む心、妬む心、「あの人さえいなければ……」と願う心。

それらをわたしたちは人には見せないように、そして自分も見ないように、心の中の地中深くに沈めます。

その心の闇の部分を、貴船神社・奥宮は見せてきます。そして、強い結界を張り、外に漏れないようにして、水で流してくれるのでしょう。

奥宮の境内に立ち、そんな感覚を覚えました。

だからこそ、わたしは、この地に足を踏み入れるとき、足がすくむような気がしたのでしょう。

それはわたしも「見ないで！」と叫ぶ闇を抱えて生きているからです。

その闇に、貴船神社の神はこう応えています。

奥山に　たぎりておつる滝つ瀬の　たまちる許り　物な思いそ

水の玉が散る「たまちる」は、わたしの考えでは、魂が散ることです。

「人の気持ちが滝の流れのように激しく落ちてしまうと、魂が散ってしまうよ！」

「生霊となって飛んでいき、あなたの身体に戻ってこなくなってしまうよ」

「あなたの魂をしっかりと抱えて生きていくこと、それが現の世を生きるということだよ」

そう語りかけてくるような神の言葉に、わたしは涙が出るような思いがしました。

見てはいけない深淵を秘めた霊地。貴船神社・奥宮は、そんな異界なのです。

第5章　全国の縁切り神社&お寺さんパート②
――東京・神奈川

5　東京・赤坂　豊川稲荷東京別院《とよかわいなりとうきょうべついん》

江戸っ子気質の左官の金太郎は、ある日、三両の金が入ったお財布を拾います。持ち主は大工の吉五郎。

同じく江戸っ子気質の吉五郎は「もう諦めていた金だから、金太郎に譲る」と言います。

金太郎は「それは受け取れねえ」と言い張り、とうとうこの争いは奉行所に持ち込まれました。

そこに登場したのが、大岡越前守《おおおかえちぜんのかみ》。

お互いの言い分を聞いた彼は、自分の一両をそこに足して、吉五郎に二両、金太郎に二両を渡しました。

「吉五郎は三両落としたのに二両しか返ってこないから、一両の損。金太郎は三両拾ったのに二両しかもらえなかったから、一両の損。そして自分は裁定のため一両失ったから、一両の損。三方一両損と申す」

有名な大岡越前守の大岡裁きです。

この大岡越前守があつく信仰を寄せ、自分の屋敷神としてお祀りしていたのが、豊川ダ《とよかわだ》枳尼眞天《きにしんてん》（以下、ダキニ天）です。

その屋敷跡は、今では、豊川稲荷東京別院として多くの人が訪れる赤坂のパワースポットとなっています。

ズラリと並ぶ、有名芸能人が奉納した赤い提《ちょう》灯《ちん》。

最近では、ある男性アイドルが引いたおみくじが人気で、たくさんの女性がスマホ片手に楽しそうにお参りしています。

いつ訪れても、たくさんの参詣客《さんけいきゃく》で賑わいをみせているお寺。

それは、豊川稲荷東京別院のご利益の確かさによると、わたしは思っています。

わたしは今、豊川稲荷のことをお寺とお伝えしました。

豊川稲荷は、曹洞宗のお寺です。

稲荷と聞くと、稲荷神社と思う方もいらっしゃると思います。

ここは、愛知県豊川市にある妙厳寺《みょうごんじ》の東京別院。

大岡越前守は、豊川の妙厳寺からダキニ天を勧請し、お屋敷にお祀りしていたのです。

そして、毎月ダキニ天のご縁日、午の日などに一般の人たちに開放していたことから信仰が広まっていきました。

豊川稲荷東京別院は芸能関係者ご用達のような印象があります。

それは、ここ赤坂の地が花柳界として盛んな時代には、芸妓などがたくさん参詣したことから始まっています。

大岡越前守は立身出世をしたことで有名な大名。

そのため、仕事運のご利益を求める商売関係の人からあつい信仰を集めました。

今でも節分の日の豆まきには、大岡越前守の子孫の方々が豆をまいてくださいます。

わたし自身、声優として所属している青二プロダクション、また映像制作会社やスタジオが近くに多くあることから、毎月の参拝を欠かしたことはありません。

ご本尊のダキニ天は絶対秘仏。

そのお姿を拝することはできません。

ただし、境内には所狭しとたくさんの神仏が祀られています。

まず必ずお参りしていただきたいのは、境内の大黒天です。

ダキニ天は、インドから日本に伝わった神さま。仏教に帰依する前は夜叉ともいわれる強いパワーを持っていました。

お堂の中に「大黒天さまは豊川ダキニ真天さまの善神」と説明が書かれています。強すぎるダキニ天のお力を善く使うために、大黒天を一緒にお参りすることが大切といわれているのです。

そのほか、そこまで広くはない境内にはたくさんの神仏が祀られていて、それぞれ大きなご利益があります。

大黒天をはじめとする七福神。

勝利のご利益で武士から信仰を集めた摩利支天《まりしてん》。

病気平癒のご利益がある身代わり地蔵。

子宝に恵まれる子宝観音。

お金の融通がきくようになる融通稲荷《ゆうづういなり》。

肩凝りが治る太郎稲荷。

金運アップの宇賀神《うがじん》。

人間関係にご利益がある徳七郎稲荷などなど……。

望むご利益を得られる神仏が、まるでワンダーランドのように並んでいます。

その中に、縁切りのパワーで有名な「叶稲荷《かのういなり》」、そして縁結びにご利益絶大の「愛染明王《あいぜんみょうおう》」があります。

叶稲荷は、「縁切り禍事《まがごと》災難除けの守護神・豊川叶稲荷尊天」とあり、自分にとって禍事《まがごと》、つまり禍々しいことや災難を除けてくださるありがたい神さまです。

お願いごとがある人は、叶稲荷の絵馬にそれを書いてお堂の横にかけます。

鈴なりになって吊るされている絵馬には、病気や人間関係、恋愛など、さまざまな縁切りのお願いごとが書かれています。

中には「自分の夫が浮気相手と別れてくれますように」「不倫相手が妻と別れてくれますように」など、他の神社やお寺ではお願いしにくいことが書かれている絵馬もあります。

もちろん、それらにはダークなイメージがあります。

でもその渦中にある人にとっては、どこにも相談できない悩みを、ここで神さまに聞いていただくことに大きな救いがあるのでしょう。

悪い縁を切り、良縁を祈る。その願いは多くの人が持つ自然なもの。

叶稲荷に縁切りを、愛染明王に良縁を祈り、願いが叶った人は、鑑定のお客さまにも数多くいらっしゃいます。

愛染明王は、「愛」という名前から縁結びを連想させますが、縁結びだけの神さまではありません。

戦いの神さまとして、武田信玄はじめ多くの武将がそのお力に頼りました。

最も有名なのは、直江《なおえ》兼続《かねつぐ》。兜の前立てに「愛」という文字を用いた姿は、テレビ番組のキャラクターにもなりました。

愛染明王は、人間の煩悩を受け止める仏さまです。

「戦いに勝ちたい」

「好きな人に愛されたい」

これらは人としては自然な感情です。

でも仏教の世界では、まだ悟りを得ていない煩悩に支配された状況なのです。

愛染明王は、それらを受け止めてくださる仏さま。

愛欲を悟りの心へと変えるお力があります。

愛染明王の体は、愛欲をあらわす赤い色。

人間の持つ煩悩を受け止めるため、憤怒と呼ばれる怒った顔をしていらっしゃいます。

でも、「愛」というお名前や、手に持つ弓矢が縁結びのキューピッドを思わせ、今は縁結びの神さまとして有名です。

ここ豊川稲荷東京別院の愛染明王は、ハートの形の絵馬がたくさんかけられています。

「好きな人と結ばれますように」「結婚できますように」

縁切りと縁結びの絵馬に書かれた願いごと。

結婚や愛情が持つ2つの面を見せられるようで、考えてしまいます。

好きな相手と結婚しても、縁切りを願う未来があるかもしれません。

でも、縁切りと縁結び。

それぞれを叶えてくださる神さまたちは、それらをすべて分かった上で、わたしたちを悟りの道へと導いてくれるのでしょう。

わたしは、不倫をはじめとする恋愛関係の縁切りには、本当に大切なことが一つあると思います。

それはどんなに憎くても、縁切りをする相手の幸せを祈ることです。

一時的にでも相手にダメージを与える縁切りの場合、自分ばかりがすべてを手にすることは難しいと感じています。

タイミングや経済的な事情、気持ちの整理など、相手が新しい道を歩めるように、自分もまた時間やお金など失うものもあるかもしれません。

相手のダメージと同じだけ、自分も失うものがある。

でも、あなたが得るものと同じだけ、相手も幸せをつかめる。これが最も縁切りが叶いやすい祈りです。

三方一両損。

双方が、それぞれ納得できるダメージもあり、メリットもある。そんな縁切りをぜひ叶えていただきたいと、わたしは思っているのです。

6 東京・板橋　縁切榎《えのき》

自動販売機に1000円を入れてボタンを押す。

すると、ビニール袋に入った絵馬セットが出てきます。

まるで銭湯のお風呂セットのよう。

絵馬と小さなお守り、絵馬に書いた内容を隠す個人情報保護シールが入っています。絵馬には榎の木の絵と、「善縁をむすび　悪縁をたつ」の文字が描かれています。

そう、ここが東京ナンバー1といわれる縁切りのパワースポット、縁切榎。

以前は、目の前の蕎麦屋《そばや》さんで販売していた絵馬ですが、今は鳥居を入ったところにある自動販売機で買い求めることができます。

個人情報保護シールは、縁切りのお願いや名前を人に見られる心配がなく安心ですが、いかにも現代のパワースポット事情を物語っています。

全国の神社仏閣を訪れると、アニメとコラボしているところや、ガチャでお守りを購入できるところなどをよく見かけます。

神社仏閣好きにはちょっと興醒めのときもありますが、それが人気で若い人々が訪れているのですから、時代が変わったということでしょう。

江戸時代、縁切榎に願いをかけた人々が見たらきっと驚く光景ですね。

でも縁切りを願う心にも、またそのご利益にも変わりはありません。

ここもまた、いつ訪れても参拝の列ができています。

縁切榎は、東京都板橋区、旧中山道板橋宿にあります。

このあたりにあった旗本の屋敷の垣根に、榎と槻《つき》の木が並んで生えていたそうです。
その二本の木を、誰が言うともなく「えのきつき」と呼び、それが詰まって「えんつき」、即ち「縁尽き」の語呂合わせが広まったのが始まりとされています。
その後、榎だけが残りましたが焼

失し、現在は3代目の榎が残っています。

言霊を重んじる日本人。

榎にはまた、良縁を結ぶ「縁の木」、あるいは悪縁を切る「縁退き」として、良縁成就と縁切りのパワーがあるとされています。

そういえば、自動販売機が設置される以前に絵馬を販売されていたお蕎麦屋さん。蕎麦のつけだれには、エノキダケが入っています。縁起がいいですね。

縁切榎の有名なエピソードとしてあげられるのが、幕末の文久元年（1861年）、皇《こう》女和宮《じょかずのみや》が14代将軍・徳川家茂に嫁ぐ際の行列が縁起が悪いと迂回したというもの。

江戸時代から「悪縁は切ってくれるが良縁は結んでくれる」として、板橋宿の名所となっていました。

当時は、縁切りをするためには、榎の樹皮を削り、煎じた水を相手に飲ませていたそうです。現在は、樹皮を削ることは許されていません。

この煎じた水は、断酒の願いにもよく効いたとか。お酒をやめたい人はお願いに行かれたらいかがでしょうか？

自動販売機で買った絵馬に願いごとを書いて、個人情報保護シールを貼ってお納めする。

しかも周囲は、ほのぼのした昔ながらの商店街。

ここは、街の人たちが大切にしている史跡といった風情です。

縁切りでイメージされる、おどろおどろしい雰囲気は一切ありません。

でもそのパワーは、縁切りが叶った人々の口コミで証明されています。

わたしの鑑定にいらしたお客さまに、会社の人間関係の悩みを抱えていた人がいます。

ちょうどその方の自宅から近いこともあり、「縁切榎にお参りしたら？」とおすすめしました。

すると、

「お参りしてすぐに会社の方針で部署異動があり、悩みだった人間関係から解放されました！　不思議です！」

とのご報告をいただきました。

わたしはお客さまにパワースポットをアドバイスするときは必ず、お礼参りができるような場所をご紹介するようにしています。

特に縁切りは、運命を自分の思うように動かすことになるので、あまり軽い気持ちでお願いすべきではありません。

病気や人間関係のように自分の責任ではないことでも、そこには学びがあり、過去世からの向き合わなくてはならない因があります。

だからこそ、願いが叶ったときはお礼参りが必要です。

わたし自身、病気を患ったことは、それまでの自分の生き方を深く見つめ直すきっかけとなりました。

仕事が一番大切なことになり、自分を大切にすることがおろそかになっていると気づきました。

将来のことばかり心配して、今を大切にする心を失っていました。

また、病気をすることによって、母親の愛情を得ようとしていた子どもの頃の自分を思い出しました。

そこにも病気を引き寄せた因があると気づきました。

表面的には過労から招いた偶然の災いでしたが、それは必然であったとの気づきを得たのです。

だからこそ病気をきっかけに、わたしの生き方は１８０度変わりました。

病気との縁が切れる過程は、その自分の生き方を変える過程とイコールだったように感じています。

悪縁を切る祈りは、神仏と自分の心が対峙することでもあります。

それは、自分のダークな部分を見せられることでもあります。

「なぜそうなったのか？」

「なぜその人と出会ったのか？」

「なぜ悪い方向に進んでしまったのか？」

神仏に願いながら、その問いを自分の深い潜在意識と対話する。

だからこそ、願いが叶ったときにはそれまでとは違うあなたとの出会いがあるはずです。

願いを叶えてくれた神仏に悪縁が切れたことに感謝してください。

そして新しい人生を、誠意を持って築く誓いをしてくださいね。

「善縁をむすび　悪縁をたつ」

縁の木の縁は、悪縁の縁でもあり、良縁の縁でもあります。

悪縁を切って、それで終わりではないことを縁の木・榎は教えてくれているのです。

7　東京　六本木龍土神明宮《りゅうどしんめいぐう》

「足を洗う」というと、わたしのような任俠映画で育った年代は、悪い集団から抜けるというイメージがあります。あなたはどうでしょうか？　抜けられない集団はともかく、悪習慣から足を洗うのは、縁切りの中でもかなり難易度が高いものになります。

お酒、タバコ、甘いものなど、生活の中に入り込んでいればいるほど断つことは容易ではありません。

そんな悪習慣から足を洗う手助けをしてくれるのが、六本木ミッドタウンの向かい、超一等地にある、六本木龍土神明宮・天祖《てんそ》神社です。

その歴史は古く、南北朝時代。今から６４０年前から続く古社です。

品川沖から毎晩、龍が灯明《とうみょう》を献じたという故事から、六本木のこのあたりは、以前「龍土町」と呼ばれていました。通称ではなく、実際にあった町名です。

六本木のこの一帯は、龍のお力が宿っているのですね。六本木ミッドタウンからこのあたりに入っていくと、土地の気が違うことを肌で感じていただけると思います。

あなたは、「ゲニウス・ロキ」「地霊」という言葉を聞いたことがありますか？

もともとはラテン語で「場所の精霊」という意味を持ちます。土地には固有のエネルギーがあります。

心霊の世界では、処刑場などの悲劇的なことがあった場所にはその念が残り、心霊スポットになると恐れられていますよね。

わたしも土地の気を感じることは多々あります。ほの暗く感じる場所、湿気のような気の淀みを感じる場所には何かしらのいわれがあることが多いものです。

おそらくあなたも感じたことがあるのではないでしょうか？

その反対もしかり。気持ちがスッと洗われるような場所、まるで結界が張られているように整って感じる場所があります。

そんな場所は、寺社や重要な施設、またお屋敷などが残っていたりします。

昔は、土地の名前にその「地霊」が込められていました。地形をあらわすもの、災害をあらわすもの、信仰をあらわすものなど、さまざまです。

今は改名され、時にはキラキラネームみたいな地名にすらなっているので、土地のエネルギーを地名では推しはかれないようになってしまいました。

でも地名は変わっても、その土地の持つ「ゲニウス・ロキ」は失われていないところが多くあります。

また、再開発で、どこも同じような景色になったとしても、スピリチュアルな観点からいえば、「ゲニウス・ロキ」は存在し続けています。

龍土神明宮のある一帯も、今は「六本木」となっていますが、昔は龍の名がついていたほどの土地のパワーを強く感じます。

建築業界でも、この「ゲニウス・ロキ」を重要視しています。東急リバブルのホームページにはこんな一文があります。

『ゲニウス・ロキ　場所に現れている際立った雰囲気・土地特性であって、歴史・文化の蓄積によって生み出される類型化できない固有の価値、あるいはそれを体現している特別な場所をいう。不動産開発に当たって、ゲニウス・ロキを保全し、活かすことには、事業の質を高める上で大事な着眼点であると考えられている。また、地域の歴史文化を継承し、あるいは建築物等を修復・復元するに当たっては、ゲニウス・ロキを尊重することが重要である』

建築業界では、「空間認識概念」と呼ぶそうです。言葉にはできない空間の持つエネルギーはスピリチュアルだけでなく、誰もが感じるものだと、この一文でもわかります。

その「ゲニウス・ロキ」の意味どおり、龍土神明宮一帯には、言葉にはできないパワーを感じます。

この土地の下に龍が眠っているようなずっしりとした安定感、静かな力強さ。

訪れると、強い「ゲニウス・ロキ」のエネルギーに圧倒される思いがします。

余談ですが、名探偵・明智小五郎が小説の中で事務所を構えていたのは、ここ龍土町でした。

そしてなんと、龍土神明宮は、六本木７―７―７というラッキー７の住所にあります。

ところで、神社にもわたしたちが持つ家紋と同じように、一つひとつ神紋《しんもん》があるのをご存知ですか？

龍土神明宮の神紋は三つ巴。その中に七の数字が入る唯一無二の神紋です。お参りされたらぜひ注目してくださいね。

さて、龍土神明宮のご祭神は天照大御神《アマテラスオオミカミ》、伊邪那岐命《イザナギノミコト》、伊邪那美命《イザナミノミコト》。緑に囲まれた境内は静寂の気に満ち、龍に見守られているような安心感がある聖地です。

龍土神明宮には数々の歴史ある文化財が残されています。

手水舎《ちょうずしゃ》の水盤は、１８４６年に奉納されたもの。狛犬は１８５１年に奉納されたものです。

見どころも多く、境内社の満福稲荷《まんぷく》はご祭神が福禄寿《ふくろくじゅ》さま。港七福神《みなとしちふくじん》の一尊です。社殿の釘隠しにも龍が描かれていますので見つけてくださいね。

そして龍のお力をいただけるおすすめスポットのもう一つは、境内にある「龍灯籠《りゅうとうろう》」。毎晩、龍が投げ入れたとされる灯明《とうみょう》にちなんで作られたもの。

灯籠の中の宝珠に触れながら願いごとを唱えると必ず叶うといわれています。

龍のパワーアイテムとしては、龍神おみくじ。数量限定で正月三が日で売り切れてしまうので、頑張ってゲットしてくださいね！

そして、龍土神明宮には龍のお力で縁切りを叶えるパワースポットがあります。鳥居の横にある「清龍の井戸」。

この井戸水で手を洗うと良い縁が結ばれ、足を洗うと悪い習慣と縁切りできるといわれています。

実はこの井戸は昔からあったものではなく、あるテレビ局の番組の企画で掘り当てたものです。でも新しいものといってもお力は絶大！

なぜなら、この水は、龍の霊力が宿る土地から湧く水だからです。

そして井戸は異界へのトンネル。井戸そのものにも不思議な力があります。

井戸で思い出すのは、映画「貞子」で貞子が井戸から出てくるシーンかもしれません。「貞子」の解説で民俗学者の宮田登先生がこんなことをお話ししていらっしゃいました。

「地下に向けて掘られた井戸は、我々が暮らしている陸地、すなわち〝地上世界〟と〝地下世界〟への通路となり、また井戸の水によって〝水界〟との通路にもなりうります。こうした２つの世界に接している境界からは、怪異や妖怪の出現や神仏の出現、はたまた奇跡的な出会いなどが起こるところである」

まさにそのとおりですね。

井戸は異界へのトンネル。水のパワーをこの世にもたらしてくれるもの。その水は、現実の世界の水を超える力を持っているのです。

だからこそ、粗末に扱うと怖いものがあります。

わたしの知人の日蓮宗のご住職は、井戸封じのご祈禱を得意としていますが、やはり、井戸を放置するのは障りがあるので気をつけてとおっしゃっていました。

反して、この龍土神明宮の井戸の水はとても美しく、この土地に住む龍が喜んでいるビジョンが見えます。龍は水が大好きだからです。

悪習慣から足を洗いたいときは、龍のお力が宿る土地の水のパワーをぜひお借りしてくださいね。

そして、参拝することで、この土地に宿る龍のパワーを自分に取り入れてもらいたいのです。

最初にお話ししたとおり、悪習慣との縁切りは、自分との戦いです。悪いと分かっていてもやめることは難しいもの。

神仏、また龍のお力をお借りして、自分の意志の力を強めることが必要なのです。

縁を切る意志の強さを育む！　自分に負けない！　自分を変える！

そんな願いを龍神さまに託してください！

8　神奈川・鎌倉　東慶寺《とうけいじ》

「まず榎それでいけぬと松できり」

これは江戸時代に詠まれた川柳。

井上禅定《いのうえぜんじょう》　東慶寺元住職が書かれた『東慶寺と駆込女』におさめられたものです。ここで詠まれる「榎」というのは、東京の「縁切榎」のこと。

榎に願かけしてダメだったら、松に行く。松は、東慶寺のことです。

川柳では東慶寺は松ヶ岡とうたわれていました。

「榎がダメなら松があるさ」ということで、鎌倉まで走ることになったと詠んだ川柳なのです。

「十三里独行をして縁を切り」

これは当時、江戸からの距離を測るときに日本橋を起点として、鎌倉まで十三里あったことから詠まれたものです。

十三里というのは、一里4キロで計算すると、52キロ！　追手のかかった道のりを走るのがいかに必死のことだったか想像できますね。

東慶寺は、臨済宗の古刹《こさつ》。北条時宗夫人の覚山尼《かくさんに》が開いた尼寺です。

江戸時代に入り、それまで許されていた治外法権的な寺の特権が廃止されました。

その中で、徳川家康に、縁切り寺としての役割を正式に認められたのが、鎌倉の東慶寺と、群馬の満徳寺《まんとくじ》です。

もう少し、川柳から駆け込み女の足取りを辿ってみましょう。

駆け込み道中、第一の難関は、川崎宿の手前にある多摩川だったそうです。当時、ここに橋はなく、「六郷《ろくごう》の渡し」と呼ばれる渡し場がありました。

「六郷でおあしがないと困ってる」

「知り申さねえと奇特な渡し守り」

逃げることに必死で財布を忘れてしまった女性もいる。

情深く、追いかけてきた旦那さんに「知らないよ」とシラを切ってくれる渡し守もいました。

六郷の渡しでは、さまざまなドラマが繰り広げられたようです。

ただし、この多摩川を渡りきれば、それ以上は深追いするものはそうそういなかったそ

うですが油断はできません。

「九里あるよ急がっしゃいと渡し守」

とあるように、六郷の渡しまでが四里。

そこからがまた坂あり山ありの大変な道のり。

戸塚を抜けて、鎌倉を目指すのです。

「佐野の馬戸塚の坂で二度ころび」

追いかける側の馬が二度転ぶような急坂を女性の足で登るのですから相当きつかったのでしょう。

また道中には「離れ山」という山があったそうです。

「女房の旅は亭主を離れ山」

ということで、この縁起の良い名前の山を越えて、最後の難関が「閻魔の庁」です。これは今でも東慶寺のすぐ近くにある円応寺《えんのうじ》という、閻魔大王を祀るお寺です。

閻魔さまは一王と思っていらっしゃる方も多いと思いますが十王いらっしゃいます。人は亡くなると、7日ごとに49日まで、七王の閻魔さまの審理を受けます。

その後、追加で三王、つまり百ヶ日忌、一周忌、三回忌、それぞれ閻魔さまの審理を受けて地獄に落とされるかどうかが決まるわけです。

わたしは亡くなった人の霊視を頼まれることが多いのですが、この仏教の仕組みはまさに真実だなと思うことが数多くあります。

亡くなった人は、三回忌まではご親族の近くにいらっしゃいます。

わたしからもはっきり見えますし、またご相談される当人も気配を感じるとおっしゃいます。

霊感のあるなしにかかわらず、父母など近しい人が亡くなるときには、不思議な体験をする人はとても多いのです。

亡くなる前に会いにいらっしゃったり、亡くなった後にも物音が聞こえたり……。これは霊障ではなく、三回忌が終わるまでは審理の最中ですから、まだあの世とこの世の境にいるようなものなのです。

そこで、残された家族に接触を試みているのですから、生きていたときと同じように話しかけたり、好物を差し上げたりしてくださいね。喜ばれますよ。

さて、地獄があるかどうかはわたしには分かりませんが、三回忌が過ぎると、亡くなった人の輪郭はボヤけていきます。

その後は、お盆のときには会いに来てくださったり、お墓参りに行けば遠くからその様子を見ていてくださったりするのです。

むしろすぐ近くにいて離れない霊魂は、この世に未練がある状態なので、ご縁のあるお寺にお願いしてご供養をしっかりと行わなければいけません。

閻魔さまは、地獄に落とす怖い存在と思っていらっしゃる方も多いのではないでしょうか？

閻魔さまは仏教では、地獄に落ちる亡者を救済する存在です。

そのため現代では、追試とも言える追加の三王がいらっしゃるのです。

そこで、これまでの行いをチェックしてなんとか地獄に落ちないようにできないか救済を試みてくださるのです。

だから、江戸から来たときに、東慶寺のすぐ前にある円応寺は、亭主から逃げてきた女房が最後の審理を閻魔さまから受ける場所なのかもしれません。

そして、やっと辿り着くのが縁切り寺・東慶寺。

「泥足で玄関へ上がる松ヶ岡」

逃げてきた女性はどんなふうにこの景色を見たのだろう。

まるで天国に辿り着いたような気がしたのではないかしら。

ここ、東慶寺は、そんな思いを抱かせるような美しい寺です。

今は縁切り寺というより、花の寺として有名で、四季折々の花を楽しむことができます。

そして東慶寺は、撮影禁止のため多くの人がスケッチを楽しんでいます。

その情景も和やかで、まるで下界から切り離された修道院のような一種独特な雰囲気があります。

ただし、駆け込んだといっても、女性は尼僧となるわけではなく、寺の掃除や針仕事などの手伝いをして逗留し、足かけ三年で離婚が成立したわけです。

さて、時は現代。

東慶寺は、むしろこの歌の歌詞で有名かもしれません。

グレープの「縁切寺」。

男性が別れた女性を歌った歌です。初デートの鎌倉。

「ちょうどこの寺の山門前で
君は突然に泣きだして

お願いここだけは止してあなたとの
糸がもし切れたなら
生きてゆけない」

そんな女性が……

「人の縁とは不思議なもので
そんな君から別れの言葉
あれから三年　縁切寺」

という歌詞です。

女性の駆け込みを大変だと思う気持ちとともに、好きで一緒になった女性に逃げられた男性の哀れも感じずにはいられません。

男女の別れにはどちらが悪いと決め付けられないものもあります。

東慶寺のご本尊は釈迦如来坐像《しゃかにょらいざぞう》。左の目に玉が埋められています。

両脇に文殊菩薩《もんじゅぼさつ》、普賢菩薩《ふげん》がいらっしゃいましたが、関東大震災で消滅されたとあります。

わたしが心洗われるような感動を覚えたのが、重要文化財の聖観音立像《しょうかんのんりゅうぞう》。

その衣に花、葉、輪法などをあしらった紋様が描かれた美しいお姿です。

東慶寺は尼寺ですが、7月13日から18日までの6日間は、男性もこの聖観音さまに参詣を許されたそうです。

そして駆け込み女に面会のときは、この観音像の前で会わせていたそうです。

命懸けで逃げた女性。

その後を追って会いにきた男性。

それを見守る観音さま。

女性にも男性にも、それぞれ観音さまの救いがあったのではないでしょうか。

ここ、東慶寺はそんな情の世界のしがらみを浄化させるようなエネルギーに満ちています。

男女のドラマは、その渦中にいると気づかないようなこともたくさんあります。

現実のドロドロとした世界からいったん離れて、自分自身を見つめ直す機会を与えてくれる。そんな厳しくも優しいエネルギーを持った縁切り寺です。

第6章　全国の縁切り神社&お寺さんパート③

──栃木・千葉・群馬・茨城

9　栃木　門田《かどた》稲荷《いなり》神社

道の反対側から見たときに、まるで白黒のようにオーラが違う神社が隣どうしに並んでいるように見えます。

一方は、陽のオーラ。開運、幸せ、招福……まるでひだまりのような暖かさに包まれて、キャッキャという子どもの笑い声が聞こえてくるようです。こちらは本社の下野國一社八《しもつけのくにいっしゃはち》幡宮《まんぐう》。

そして、もう一方は少し低いところにあり、陰のオーラが渦巻いています。こちらは縁切りのお力で有名な門田稲荷神社です。

人生の裏側には陰があり、そこには人の悩み、苦しみ、涙が、行き場もなく降り積もっています。

その陰の部分にある悩みの中には、決して解決しないものもたくさんあります。

わたしは、亡くなった人の言葉を聞く霊視のセッションもしています。

その中には、自ら命を絶った人もいます。お伝えしにくいことですが、とても成仏しているようには見えません。死は解決にはならないということを強く感じます。

事故で亡くなった人は、自分が亡くなったことを自覚できずにいます。そのため、いつまでも家に居続けることも少なくありません。

そして、このような不慮の死の場合、ご家族が、亡くなった人には成仏しないで、いつまでもそばにいてほしいと願うことが多くあります。

そのため、亡くなった方も生きている方も、時が止まったままの状態になっていることも少なくありません。

僧籍《そうせき》を持つわたしが言うべきことではありませんが、本人が望むなら無理に早く成仏させなくてもと思うこともあります。

お葬式の後、四十九日、一周忌、三回忌、七回忌、十三回忌という法要があります。霊視をすると、まさしくその区切りで成仏していくことがわかります。

もちろん、特別な亡くなり方や供養をしていないなどの理由で、とどまり続けている霊もいます。

でもたいていの場合、最初はまるで生きているように、ご家族の近くでウロウロしています。ご家族も気配を感じていることがほとんどです。

それがだんだん気配が薄くなり、残された人の人生も前に進んで行くのです。

人生のどうしようもないこと。

ほかには、病気の悩みもあります。祈りで奇跡的に治る例も耳にすることがありますが、たいていの場合は医療が解決できない病気の完治は難しいものです。

それ以上悪くならないように保つことや、症状を軽くすることができた例は多く見てきました。完治ではなくても奇跡だと思います。

そんなときは、祈りの力の強さを感じます。

まだまだあります。人の気持ちを変えること。

これは本当に難しいものがあります。片思いの相手に自分を愛してほしい。配偶者が浮気相手を嫌いになってほしい。そう願っても、叶う確率は低いものです。

また、能力の問題もあります。スポーツ選手、芸能人……誰もが憧れる職業には運だけでは辿り着くことはできません。負け組と落ち込んでしまいます。

これら陰の部分にある願いは、大きく括《くく》れば「縁切り」の願いになります。

未練との縁切り、病気との縁切り、人間関係の縁切り、執着との縁切り……。

こんな難しい願いに真っ向から取り組んでいるのが、門田稲荷神社なのです。

「日本一の縁切　門田稲荷神社　ここです！」

と書かれた大きな看板に度肝を抜かれます。

なぜこんな大きな看板が……と思いましたが、これがなければ迷ってしまうのです。

門田稲荷神社は、八幡宮の境内社なのですが、訪れると、隣どうしにまったく違う系統の神社があるように見えます。

門田稲荷神社に参拝するには、まず本社の八幡宮にご挨拶をして、社務所で絵馬などを買い求めてください。

八幡宮は、１０５６年に源義家が戦勝を祈願し創建した足利の古社。

仕事運や勝ち運にご利益があります。

合格祈願、安産お守り、ペットお守りもあります。地元の人に愛される暖かなエネルギーに満ちたお宮といった風情です。

ところが昨今、境内の門田稲荷神社が縁切りパワーで注目を集めています。

ユーチューブなどで心霊スポット、呪いのパワースポットとして扱われることもあり、私自身、ドキドキして訪れました。

この門田稲荷神社が、縁切りパワーで知られるようになったのは平安時代のこと。戦に徴兵された病弱な息子を案じたある親が、この稲荷さまに無事を祈りました。するとその若者は戦で活躍し、勝利し、無事に帰ってきたのです。

そこから、「病気や嫌なこととの縁を切る」神さまとして祀られるようになりました。今や日本一の縁切り神社として、日本中から参拝客が訪れています。

ここの縁切りが怖いといわれる理由の一つに、独特の祈願法があります。

それは、縁を切りたいことを念じて、柄杓《ひしゃく》に穴を開けるというもの。

ハンマーで、ノミを叩いて穴を開けます。

飛んできた破片で怪我をしないようにと、保護メガネも置いてありました。

「小さな穴で大丈夫です」と説明書きにありますが、何回もハンマーを打ち付け、穴だらけになっている柄杓もあり、それを見ると恐れおののいてしまうかもしれません。

ただし、この柄杓は縁切りの祈願のためではなく、「悪縁が落ちてしまうように」という邪気除けのもの。

縁切りには、絵馬に願いごとを書いてお納めするようになっています。

おすすめは2枚1組になっている「重ね絵馬」。

鳥居とキツネが描かれた絵馬の裏に、自分が縁切りしたいことや相手を書きます。そして、もうひとつの絵馬には「縁切」の文字が。この文字がお願いごとに重なるように挟み、紐で結びます。

「縁切」の文字がパワーを授けてくださるのです。

また、重ねることでほかの人から見られる恐れもありません。

八幡宮から石段をちょっと下がったところに、門田稲荷神社はあります。

心霊スポットというようなおどろおどろしさはありません。

でも八幡宮から降りてくると、明らかに空気感がガラリと違うことを感じます。

「静謐《せいひつ》」という言葉が一番ピッタリとくるかもしれません。

時が止まったようなピーンと張り詰めたエネ

ルギーが充満しています。

赤い鳥居が並ぶトンネル。

キツネが4体、神社を守っています。

参拝者のほとんどが悪縁を抱えているため、その邪気に太刀打ちするために、普通は1対のキツネがお守りするところ、2対、4匹のキツネがお迎えしてくれるのです。左前方のキツネが一番力が強いといわれているそうです。

ここでは、予約をしなければご祈禱はしていただけません。

立ち寄った参拝者ではなく、本当に悪縁に悩んでいる人、悩みが解決しない人には、宮司がじっくりと話を聞いて、ご祈禱をしてくださいます。

宮司のインタビューが、地元紙に取り上げられたことがあります。

「死ぬ気で縁を切りたいと思っている人に、死ぬ気で祈禱し縁切りさせていただく」

わたしは職業柄、悪縁や悪霊を切るお仕事は、祈る側も、まさに死ぬ気でないと務まらないことを知っています。

知り合いの霊媒師のうち、何人かは病気になったり、急死したりしています。

縁切りをしたい人に取り憑いている、病気や人間関係は邪気となっています。

それを引っ剝がすには並大抵の力では無理なのです。

祈祷には、それだけの覚悟が、当の本人にも、また祈る宮司さまにも必要になります。命がけのお仕事をして、結果を出し続けてきたからこそ、堂々と「日本一の縁切り神社」と看板を掲げているのでしょう。

また、わたしが鑑定でみたご相談者に関して、祈りだけで縁切りをしていいものかという疑問が湧く場合もあります。

この苦難を乗り越えて、はじめて本当の自分に気づくことができる。

そんな生きる学びのために起こっているトラブルもあるからです。

仏教から見ると、過去世からの因縁もあります。

また、自分の潜在意識や心の問題から、どうしても縁切りができない場合もあります。

このようなときは、ただその人と縁切りしただけでは、また同じような人と付き合ってしまいます。

ただ祈って「なんとかしてください」という姿勢ではなく、自分も生き方を見直す心構えが必要です。

その上で、宮司さまから、

「わたしも命がけで祈るから、あなたも命がけで新しい人生を作りなさい」

そう教わっているのでしょう。

縁切りの覚悟を問われるような思いを、参拝されたときに感じることと思います。

ところで、わたしはペット守りを八幡宮でいただき「ここはペットとお参りしてよろしいですか？」と尋ねました。

すると宮司さまが、「八幡宮は大丈夫ですが、門田稲荷神社はペットや愛するご家族とは一緒にお参りしないほうがいいです」とのお答えが！

それだけ、縁切りのパワーが強いことを知っていらっしゃるその言葉に、背筋が寒くなりました。

世の中には数多くのパワースポットがあります。

自分の仕える神さまに本物の力があるかどうか、それが一番分かるのが、その神社の宮司さまであり、お寺の住職さま。

死ぬ気で神さまに仕えて、死ぬ気で人々の願いを叶えてきた宮司からサラリと言われた「一緒に参拝しないでください」という言葉。

神さまの力が本物であると分かっている人の一言だと感じました。

全国各地から年間およそ3万人の参拝客が訪れる本気の縁切りパワースポット、それがここ、門田稲荷神社です。

10　千葉　小松寺《こまつじ》

菊理姫《くくりひめ》という神さまをご存知ですか？

イザナギとイザナミのケンカを仲裁した縁結びの神さま。

「くくる」という言葉には、バラバラのものを糸を使ってまとめるという意味があります。

本来ならバラバラにあるものをご縁の糸で結んでくれる。

そんなご利益にたくさんのファンがいる姫神です。

ところがこの菊理姫は、実は日本書記に突如あらわれる謎の多い神さまといわれているのです。

国生み、神生みをした最古の夫婦神、イザナギとイザナミ。

ところが、イザナミはお産が原因で亡くなってしまいます。

イザナギは、黄泉《よみ》の国に行ったイザナミを追いかけますが、変わり果てたイザナミの姿を見て、逃げ出してしまいます。

それに怒ったイザナミが、今度はイザナギを追いかけます。

黄泉比良坂《よもつひらさか》という、あの世とこの世の境まで逃げたイザナギ。

大岩で道を塞いで身を守ります。

この大岩を挟んで口ゲンカをしている二神の前にあらわれたのが、泉守道者《よもつちもりびと》と菊理姫。

日本書記には泉守道者は菊理姫の通訳とされています。

この時、菊理姫が何かをイザナギに伝え、それを聞いたイザナギは、菊理姫を褒めて、ケンカをやめたとあります。

そして死の国に触れた禊ぎをし、その禊ぎからあらたな神々が生まれたとされているのです。

ここで、まず大きな謎が一つ。

菊理姫が何かを話したとありますが、何を話したのかの記述がありません。

何を話したのでしょう。

また、突如あらわれ、これ以降登場しない菊理姫が、一体どんな神さまなのかも分かりません。

この時、イザナミは死者、イザナギは生者なので、死と生の世界を繋ぐシャーマン、日本で言えば霊媒師のような存在であったのでは、という説があります。

となると、泉守道者は、審神者《さにわ》ということになりますね。

審神者は、神がかりになった霊媒師の言葉を人々に分かるように伝える者のことをいいます。

その他、菊理姫は龍神という説や、白山比咩大神《しらやまひめのおおかみ》と同一神という説など諸説あり、正解は分かりません。

現在では、白山比咩大神として、全国の白山神社《はくさんじんじゃ》のご祭神であり、イザナギとイザナミを仲裁した縁結びの神さまとして信仰されています。

でも、菊理姫は、イザナギとイザナミを仲直りさせたのではなく、円満離婚をさせたようなもの。

むしろ「縁切り」のご利益があるとしてお祀りしているところもあります。

その一つ、千葉県南房総市にある小松寺。

小松寺は、真言宗のお寺。ご本尊は、薬師如来です。

文武天皇の御代（６８３〜７０７年）の修行僧、役小角《えんのおづぬ》によって建てられた庵が寺として整えられたもの。

古くから山岳修行者の聖地だったそうです。

菊理姫が祀られているのは、小松寺の山を登ったところにある境内社、白山社です。

そこにいたる山道は舗装されていません。

ロープにつかまりながら登るため、縁切りの祈願で訪れる人の必死な思いを体感するようです。

菊理姫は、山奥にある小さなお堂にひっそりと祀られています。

本堂のガチャ台で、赤い布が入ったカプセルを購入し、その赤い布に願いごとを書きます。

縁結びの祈願のときは堂内の紐に赤い布を結びます。

そして縁切りの祈願のときは、結んだ後に赤い布をハサミで切ります。

そして下の鳥居まで後ろを振り向かず、一言も口をきかずに降りなければいけないというルールがあるのです。

後ろを振り向かないということは、それだけの覚悟を問われているのかもしれません。

ご縁というものは、無理に作ることも切ることも本来はできないもの。

偶然の重なりから、人はこの世でのご縁をいただきます。

また、同じ相手であっても、ある人にとっては良縁となり、ある人にとっては悪縁となることもあります。

それはその人の人間性の問題というより、タイミングや相性など、自分の力ではどうにもならない条件であることも多いのです。

まさに運命の赤い糸なのです。

自分を悩ませる人と出会ってしまったことを、なかったことにする。

これは運命に逆らう行為だからこそ、後悔は許されません。

また、言葉を発さないことは、他の人の同意も必要としないくらいの強い気持ちがあってこそ、その願いが叶うということなのでしょう。

この白山社は人目につかない山奥にあり、ディープな雰囲気に満ちています。

この小松寺自体、「七不思議」の伝説が残る、どこか現世と離れた雰囲気があります。

この「七不思議」は、千年以上にわたり語り継がれたもの。

以下にその七不思議をご紹介します。


「晴天の雨」

毎年2月15日は、どんなによく晴れた日でも小松寺の地区では、必ずひとときの雨が降るそうです。これは小松寺がある安房地方の国司の跡取りである千代若丸《ちよわかまる》が、この日亡くなったことに端を発しています。しかもこの千代若丸の死は天狗の仕業といわれています。

「土中の鐘」

大雨で流された寺の鐘が、瀬戸川の土中に埋もれてもなお、小松が恋しいと鐘の音を鳴らすそうです。

「暗夜の読経」

真夜中に、小松寺の床下から読経の声が聞こえるといわれています。

「半葉のしきみ」

役小角が本堂で行をするとき、しきみの葉を半分にして仏さまにお供えしていたため、境内のしきみは、それ以来、芽が出ても、半分の葉にしか成長しないことがあったそうです。

「天狗の飛違い」

小松寺の前方にある山の頂には天狗が住んでいて、この山の木を無断で切ると、木の切り口から血が流れるといわれています。


「七色の淵」

小松寺の前に流れる小川は、昔、水の色が七色に変化したそうです。


「乙王が滝」

千代若丸が亡くなったことを悼み、従臣乙王《おとおう》が身を投げたといわれている滝です。この滝は、昔は見るも恐ろしい水量の滝だったそうで、それ以来、天狗の悪さがなくなり、人々を救うようになったそうです。


いかがですか？

この「七不思議」は、現代に生きる私たちには伝説にしか思えないものばかり。

でも千代若丸も乙王も実在した人物で、その証拠となるものもこの寺には残っているそうです。

また、千代若丸の死には謎が多く、天狗の悪行としか思えないところがあるそうです。

でも天狗は、心を入れ替えたことで、むしろ子どもたちを守る存在となっています。

そのためこの小松寺は、子宝や子どもの成長祈願で有名なお寺です。

縁結び、縁切りのご利益がある白山社は知る人ぞ知る存在なのです。

またわたしが珍しいと思ったのが、その人の御祈願に合わせた護符をいただけることです。

この中に縁切りの護符はありません。

でも縁結びの護符はいただくことができます。縁結びには「片思いの恋愛を成就する」というものがありました。

ご縁は、自分の力だけでは自由にならないもの。

天狗や神さまの持つ超越したお力を借りなければ結ぶことも切ることも難しい。

そういう意味でいえば、縁切りも縁結びも同じこと。

自然に任せるのではなく、自分の願うとおりに運命を動かす。

片思いを両思いにする縁結びも、そして縁切りも、腹を「くくる」覚悟があってこそ叶うものなのでしょう。

ところで、私が小松寺に参拝したときは、外国人観光客がたくさん訪れていました。小松寺は、菊理姫と吉祥天女が描かれた御朱印が、萌えキャラ風でかわいいと話題なんだそうです。

御朱印はすべてご住職が描いているとのこと。

吉祥天は美と和合の神さま。

「悪い男と縁切りし、きれいになって、素敵な男性と結ばれたい！」

そんな願いごとを叶えてくれる不思議いっぱいのお寺です。

11 群馬 満徳寺《まんとくじ》

日本では、風水と家相が混同して捉えられていることが多いと感じます。

風水は、古代中国の思想に基づいたもの。

家の中だけでなく、お墓、建物の位置や形、また間取りなどの吉凶を判断します。

家相は家の間取りに関して、日本独自の考え方のもと風水をアレンジし、発展させたものです。

たとえば風水では、トイレの場所は凶方位に配置するのが一般的です。

トイレは汚物を流すところ。

悪い方位には、エネルギーを殺す作用があるため、トイレが持つ凶のエネルギーを消滅させると考えます。

一方、家相では、トイレは鬼門、裏鬼門という凶方位に配置することはしません。

また風水は土地や家、部屋のエネルギーをどのように生かすかを導き出すものです。

特に間取りは、家主の生年月日と玄関の位置の掛け合わせから計算するので、人によって凶方位と吉方位が変わります。

一方、家相は、日本独自の暮らしや開運の考え方に基づいて導き出したものになります。だから個人個人で変わるものではなく、吉方位、凶方位はすべての人にとって同じものとなります。

その家相の中で最も有名な考え方が、「鬼門」「裏鬼門」ですよね。

鬼門は北東、裏鬼門は、その対面の南西になります。

特に鬼門は、鬼が出入りするので凶方位となり、ここにトイレを配置するのは運気を落とすと考えられています。

これには、北東が冷える場所なので健康を害するという考え方も含まれています。

ただ、わたしはその根底にあるものとして、日本人にとっての鬼門、裏鬼門は、邪気が入る凶方位という見方だけではないと感じています。

鬼門、つまり、鬼が出入りするところは、この世とあの世の出入り口のようなところ。

だからトイレの持つマイナスエネルギーが、その異界との境目を汚すという考えがあるのではないでしょうか？

つまり、鬼門、裏鬼門は単純な凶ではなく、聖の面があるということですね。

日本では、方位と年月日時は、同じ尺度で考えられています。

鬼門は季節や時間の尺度で考えると、ちょうど、夏から秋への入れ替わりであり、昼から夜への入れ替わりに相当します。

このような変化するところは不安定なので、邪気が入りやすいから気をつけなくてはいけない。

でもそこにこそ、異界の神さまからのメッセージが入る。

この2つの考え方が共存しているのです。

異界への畏怖《いふ》の気持ちが、その考え方の根底にはあるのです。

「辻占《つじうら》」というのを聞いたことがありますか？

今でも大阪の瓢簞山稲荷《ひょうたんやまいなり》ではこの占いをしてくださる神主さんがいらっしゃいます。

辻占は、昔から日本に伝わる占い。

夕方、辻（交差点）で、通りすがりの人々が話す言葉の内容を元に占う占いです。偶然そこを通った人の言葉には神さまからのメッセージがあると考えられていました。

なぜなら、交差点は、道が変わる境目。

夕方は、昼と夜との境目。

鬼もいれば、神もいる、異界との境目だからなのです。

このように、日本には吉凶をはっきりと分けて二極化する考え方は少ないとわたしは感じています。

たとえば、怨霊となった魂も、あつく弔えば、むしろ力ある存在となって救ってくれる。そのような神仏は少なくありません。

日本には三大祟り神と言われる神さまがいます。

崇徳《すとく》天皇、菅原道真《すがわらのみちざね》、平将門《たいらのまさかど》です。壮絶な最期を遂げ、その後、祟りと呼ばれるさまざまな現象が起こりました。

そのため、手厚く祀りあげ、その結果、ご存知のとおり大きなパワーのある守護神となりました。これを「御霊《ごりょう》信仰」といいます。

同じように、トイレもまた、日本では不浄なものというだけの存在ではありません。

ご不浄という呼び名が知られていますが、奈良時代、トイレは厠《かわや》と呼ばれていました。

家とは別に、川の上に小屋が建てられていたからだそうです。

川は、すべてを浄め、洗い流してくれるもの。

でも、忌むべきものではなく、尊いものです。

トイレを綺麗に掃除すると運が良くなるという歌が流行しました。

不浄なところをきれいにするからこそ、その徳で運気があがる。

わたしの鑑定でも、裕福なお客さまでトイレ掃除だけは自分でピカピカにするという人は少なくありません。

ちなみに外国人観光客が、日本に来て驚くのはトイレの綺麗さだそうです。

不浄なところこそ、美しく保つことで、そこは聖域となる。

これは日本人らしい開運の考え方だとわたしは思っています。

そのトイレを縁切りを叶えるものとして設置したのが、群馬県の「満徳寺」です。

満徳寺は、鎌倉にある「東慶寺」と並び、江戸幕府からただ2つ、「縁切り寺」として認められた由緒ある寺院です。

江戸時代、離縁したい女性は、追ってくる夫から逃げて、この寺の「駆け込み門」に下駄ひとつでも投げ入れることができれば、夫は手出しができなくなりました。

わたしは、鎌倉の東慶寺も訪れましたが、満徳寺は、東慶寺と比べると、裁判所のような働きが強いところという印象を受けました。

尼寺ではありますが、離縁の調停には男性の役人があたりました。

「寺役場」では、駆け込んだ女性や夫、また妻の両親からの言い分を聴取して調停を行っていました。

江戸の奉行所を真似て、出頭した人たちが待つ控室「お腰掛け」まであったそうです。

縁切りが成立するまでの日程などの手続きも、「縁切り寺法」にのっとり、厳密に決まっていました。

満徳寺は、徳川家の先祖が建立した寺です。

そして徳川家康の孫娘・千姫《せんひめ》が、実際に離縁のために入寺《にゅうじ》しました。

千姫はその後、再婚しています。

そのため、徳川幕府からの強い庇護があり、かなり格式の高いお寺だったそうです。

ただし、その徳川幕府の庇護にあったことが災いして、明治維新を迎えたときに、満徳寺は廃寺となりました。

もう一つの縁切り寺、鎌倉の東慶寺は今もお寺として残っていますが、満徳寺は、当時のお寺を縮小し再現したものとなります。

また、資料館があり、そこで縁切りの歴史を学べるようになっています。

そしてこの資料館の中に、有名な「縁切りの厠」があります。

もうお分かりだと思いますが、この厠は、江戸時代の満徳寺にあったものではありません。

資料館が縁切りを願う人のために作ったものです。それにはモデルとなる寺院がありました。

大阪の持明院《じみょういん》。

そこには「縁切り厠」があり、その中で離縁を祈れば必ず縁が切れるといわれていました。

また、京都の清水寺にも、縁切り・縁結びの厠があったそうです。

それにならい、江戸時代の縁切り俗信を現代に甦らせて作ったのが、満徳寺の縁切り厠です。

満徳寺では、縁切りと縁結びの厠（トイレ）は並んで設置されています。

右が縁切りの白い厠、左が縁結びの黒い厠です。

これには「白黒ハッキリする」という意味が込められているそうです。

ここに縁切りと縁結びの祈願書を流します。

祈願書には、黒い罫線の縁切り用と、赤い罫線の縁結び用があります。

そして、縁切りは黒いペンで祈願を書き、縁結びは赤いペンを使います。

縁切りと縁結びを混乱して間違えそうなので、慎重に書いてくださいね。

でも、このように、紙、ペン、トイレそれぞれを、縁切りと縁結びでしっかりと分けることは、開運にはとても効果のあるやり方です。

わたしはユーチューブチャンネル「占い師ミサの当たりすぎ！開運占い」で、新月と満月のお願いをすることをおすすめしています。

新月は目標を立てるタイミング。

そして満月は、手放しのタイミングです。

縁結びと縁切りですね。

このとき、新月の目標を書く紙と、満月の目標を書く紙は別のものにしてくださいとお伝えしています。

人であれ、仕事であれ、お金であれ、縁を結びたいもの。

そして、人であれ、病気であれ、悪い習慣であれ、縁を切りたいもの。

それらを分けて書く。

それが自分の心の迷いを打ち消し、願望成就のパワーを高めます。

満徳寺の縁切り、縁結び祈願も、別々の紙に、別々のペンで書き、別々の色の厠に流します。

それこそが、願望成就のために効果的なこととされているのです。

そして厠に流す。縁結びの祈願書までも厠に流すことに抵抗を覚える人もいるかもしれませんね。

でも厠は、川の流れです。浄化の場所。聖なる場所なのです。

自分の穢《けが》れ、つまり縁切りの祈願書を流すことで浄化され、縁結びの祈願書を流すことで新しい運を呼び込むことができるのです。

悪いことを除ける。縁切りをする。その時その邪気を手厚く葬ることが大切です。

そうすると、そのエネルギーが縁結びの因となるのです。

満徳寺は、史跡といった面の強いところです。

当時の駆け込み門が再現されているのですが、内と外はまったく空気が変わります。

門は重厚で結界を思わせる強さを感じます。

江戸時代、世界にたった2つしか存しなかった「アジール」（避難所）の一つ、満徳寺。

「このアジールを現代の縁切り・縁結びの出発点にしてほしい」。その思いが強く伝わる聖域です。

ここで、自分のマイナスの思いを手厚く葬る。

それが、あなたの人生の開運パワーとなってくれるでしょう。

12　茨城　大杉神社《おおすぎじんじゃ》

「はい、こちらです」

タクシーの運転手さんから言われて降りたち、その威容に口をあんぐりさせたのは、わたしだけではないはず。

「茨城の日光東照宮」と言われる大杉神社の景観。

なんときらびやかなことか。

なぜここまで驚くのかというと、それには理由があります。

大杉神社の最寄り駅は、ＪＲ成田線の下総神崎《しもうさこうざき》駅。

駅前には数軒のお店があるだけ。

そこから徒歩約２時間。

歩いて行ける距離ではないですよね。

そこでタクシーに乗り、民家と畑しかない場所を走って約15分。正直古びた小さな神社を想像していました。

ところが、わたしの目の前にあらわれたのは、絢爛豪華で壮大な社殿、鳥居の前には、狛犬ならぬ大きな天狗の像。

砂漠に突如あらわれた幻の宮殿のような異世界だったのです。

それもそのはず。

ここは全国におよそ670社存在する大杉神社の総本宮。

知る人ぞ知る最強のパワースポット「あんばさま総本宮・大杉神社」なのです。

この「あんばさま」というのは、大杉神社の鎮座する稲敷市《いなしきし》阿波《あば》にかつてあった古代王国「ウナカミ」の守護神の名前だといわれています。

江戸時代の神仏習合のときは、大杉神社と隣接する安穏寺《あんのんじ》は、徳川将軍家と縁が深く、高い格式を誇っていました。

また、その頃、大杉神社は、夢叶えや厄除けの祈禱神社として名をとどろかせ、「悪魔払いのあんばさま」として、参詣者が押し寄せていたそうです。

そして今でも、電車の便こそ悪いものの、同じように参詣者が押し寄せる夢叶えの神社であることには変わりはありません。

ありとあらゆる夢を叶える祈禱、お守り、境内社があり、一大ワンダーランドのようなパワースポット。

わたしは一日中はしゃいで、数多くの摂社を参拝してまいりました。

でも、そのお話は後にするとして、まずは縁切りのご祈禱についてご紹介しましょう。

大杉神社では、縁切りの祈禱をする「悪縁切堂」があります。

申し込みをすると「縁切りセット」と名付けたくなるような縁切り道具一式をいただけます。

まず「悪縁切りの土器《かわらけ》」。

呪言が書かれた土器を境内の斎庭（ゆにわ）で割ります。

この時、心の中でおまじないを3度唱えます。

「我思う　君の心は離れつる　我も思わじ　君も思わじ」

アファメーションが願いごとに効果があることはよく知られています。

それに加えて、その願いを具現化するように

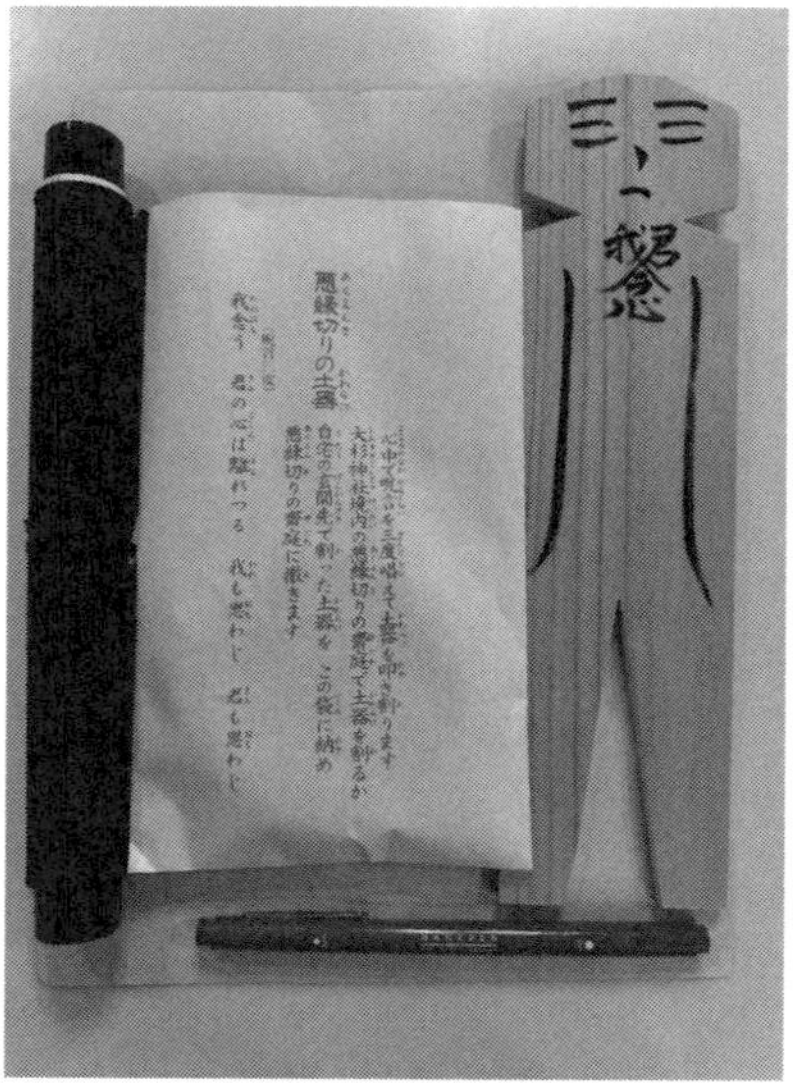

土器を割ることで、心の中もスッキリとするという仕組みです。

そして、護摩祈禱の人形。人の形を模した木製のもの。

ここに「切りたい悪縁」を記します。

そして悪縁切堂に籠《こも》り、自ら火を点けて燃えつきるまで見届けます。

「籠る」という行為には、生まれ直す、リセットするという意味があるそうです。大杉大明神のお力で悪い縁を切り、生まれ変わる。

それを実感できる非日常の体験となります。

そして「御願文」という、紫の立派な巻物。ここに縁切りの願いを書くことで、自分の覚悟が決まってきます。

この一連の儀式を通して、大杉神社に縁切りの願いを託すことで、自分の気持ちをスッキリと整え、軽やかな気持ちになることができるのです。

縁切りは、頭の中で考えているだけでは強い覚悟ができないもの。

ここまですることで、自分と向き合い、過去を断ち切ることができる。

気持ちの踏ん切りがつけば、その願いも叶う。

そんな生まれ変わりの儀式をぜひ体験していただきたいと強く思いました。

さて、最初にお話ししたように、大杉神社は「夢叶え神社」。縁切り以外にもたくさんの夢を叶えるスポットがあります。

そして、それらがとてもユニークなものばかりなので、いくつかご紹介させてください。

まず金運アップを叶える「金運回廊」「吊るし賽銭箱」。

財を築くための最強パワースポットとして有名です。

大黒天を祀る「大國《おおくに》神社」をはじめ、5つのお社が並ぶ回廊。

ここのお賽銭箱は、梁《はり》に升が吊るされています。お賽銭を下に落とすのはいかがなものかということで、上に投げ入れるようにしているそうです。

サイズが一斗二升五合。「ご商売（一斗は五升の倍）ますます（升が2つ）繁盛（半升は五合」との縁起を担いでいるそうです。

そして、石でできた碁盤、「石製碁盤」。

碁盤の目は「規則正しく健康に」「順風満帆な人生を歩む」象徴だそうです。

女性は赤の碁石、男性は紺の碁石を左足で踏んで、碁盤から飛び降り、その碁石をお守りにします。

次に「ねがい矢場」。

願いごとを書いた紙を8つに折って「ねがい矢」に結び付けます。境内の「ねがい矢場」の「ねがい的」に向けて矢を放ち祈願します。

金の願い矢は、金運、仕事運、くじ運を。紅の願い矢は、病気平癒、家内安全、恋愛成就などを叶えてくれます。

珍しいのが「禹歩《うほ》斎場」。

禹歩は、古代中国の伝説的な王、禹を起源とする特殊な歩行法。

日本では、邪気を払う護身法として、陰陽師などが伝承したそうです。

ここ、大杉神社では、禹歩御守りを右手に持ち、禹歩斎場の足形に沿って歩きます。

そして、競馬ファンの聖地「勝馬《かちうま》神社」。

祠に白い神馬の像が祀られています。

平安時代、この近くに馬を守護する神社があったことが起源だそうです。

現在は、ＪＲＡの美浦《みほ》トレーニング・センターが近くにあるので、競馬関係者、競馬ファンの参拝が絶えないそうです。

この他にも、八方除け、星除け、空亡《くうぼう》除け、縁結び、子宝、ペット、病気平癒、天中殺《てんちゅうさつ》除けなど、ありとあらゆる願いに対応する祈願、お社、お守りがあります。

境内も広く、すべてお参りすると丸一日かかります。

また、トイレに至るまで絢爛豪華な社殿そのものも見応え充分。

大杉神社のトイレはまさに一見の価値があります。

東京では目黒雅叙園のトイレがパワースポットとして有名ですが、それ以上の豪華さです。

一つひとつに縁起の良い絵柄が描かれ、名前が付いています。

トイレに入るだけで、悪縁と縁が切れること間違いなし。

どの個室に入るか迷ってしまいました。

願いを叶えるための一大王国、大杉神社。そのパワーにただただ圧倒される参拝となることでしょう。

エンターテインメント色の強い印象を持たれるかも知れませんが、大杉神社の創建は古く、奈良時代にさかのぼります。

高僧として名高い勝道上人《しょうどうしょうにん》が疫病に苦しむ民衆を救うために、この土地の巨杉に祈念したところ、奈良の大神《おおみわ》神社の三輪《みわ》明神が杉の木に移り、病魔退散をしたことが始まりと言い伝えられています。

太郎杉と呼ばれたこの大杉は、江戸時代に焼失しました。

今は次郎杉、三郎杉と呼ばれる御神木《ごしんぼく》が境内にあります。

ただし、この土地自体は、縄文時代から聖地でした。

前述したとおり、古代、関東地方の太平洋沿岸にあった王国「ウナカミ」。

その国で太陽神として崇められていた「あんばさま」が、大杉神社のルーツ。

大杉神社の鎮座する場所は、海に突き出した地形のほぼ突端で、遠くからは島に見えたそうです。その時、大杉は、交通の目印の役目を果たしていました。

古代から続く土地の持つ力「地霊」を強く感じます。

太陽神としてのあんばさまが、切れない執着を祓ってくださる。そして、さまざまな夢を叶えてくださる。まるでこの世から離れた異世界のような大杉神社。

あんばさまの胎内で生まれ変わりを体験できるパワースポットです。

第7章　縁切りにうってつけの日とアイテム

縁切りのお日取り

どんなことにもタイミングは大切！　ここでは縁切り、また縁切りを寺社にお願いするのに適した「お日取り」をご紹介します。

『六曜』

六曜《ろくよう》は日本の暦で吉凶をあらわすもの。日本人なら誰でも知っているくらいポピュラーですよね。日の吉凶を６つに分けています。

・大安《たいあん》　大吉日　結婚や開店など物事の始まりに使われます。

・友引《ともびき》　吉日　結婚やお祝いなどに適していますが、友を引くということからお葬式には不向きといわれています。

・先勝《せんしょう》　午前中は吉。何ごとも早く手をつけるほうが良いといわれています。
・先負《せんぶ》　午後は吉。焦らないほうが良いといわれています。
・仏滅《ぶつめつ》　凶日　重要なことは避けるほうが望ましいといわれています。
・赤口《しゃっこう》　凶日　ただし昼間は良いとされています。

では、この中で「縁切り」をするのによいのはいつでしょう。

それは「仏滅」です。

仏の入滅にゆかりのある仏滅は、物事の始まりには適していませんが、終わらせるには向いていると考えられています。人間関係を終わらせる、物事を清算するには「仏滅」を選び、その関係を供養しましょう。

『十二直』

今は「十二直《じゅうにちょく》」を参考にする人は少なくなりました。でも江戸時代には重要視した暦の吉凶を示すものです。行事を催すために参考にされます。

伏見稲荷の稲荷暦など、寺社で売っている暦には「十二直」が記されているものがあります。ほとんどの寺社では暦は１００円ほどで売っています。
購入して参考にしてくださいね。「十二直」は、日の吉凶を12に分けています。

（1）建《たつ》　万物を建て生じる大吉日。
（2）除《のぞく》　災いを取り除く大吉日。
（3）満《みつ》　万物が満ち足りる吉日。
（4）平《たいら》　円満、平穏な日。
（5）定《さだん》　善悪が定まる日。
（6）執《とる》　物事を育成する日。
（7）破《やぶる》　トラブルを突破する日。破壊、解体に良い。
（8）危《あやぶ》　不安定な日。何ごとにも注意が必要。
（9）成《なる》　物事が成就する日。新しいことを始めるのに良い。
（10）納《おさん》　商品の購入に吉。
（11）開《ひらく》　難しい局面を開き通じる日。
（12）閉《とづ》　物事を終わらせる日。

この中で縁切りに適した日は3つあります。

一つは「閉」。

物事を終わらせる、清算するには最も適した日です。

次に「除」。

マイナスエネルギーを祓うには大吉日。縁切りはスムーズに進むでしょう。

そして「破」。

こじれた関係を清算に持ち込むのに良い日です。

きれいに終わりにすることができるでしょう。

『暦注』

暦には、「暦注《れきちゅう》」というものがあります。

ここには、あなたもきっとご存知の「一粒万倍日《いちりゅうまんばいび》」や「天赦日《てんしゃにち》」など、日の吉凶のさまざまな情報が示されています。

代表的なものをご紹介します。

・一粒万倍日――一粒の種が万倍になるといわれ、新しいことを始めるのによい。

・天赦日――天が何でも赦す大吉日。年に数回しかない、どんなことにも使えるチャンス日。

・不成就日――何ごとも成就しないといわれる凶日。

・受死《じゅし》日《にち》、十死日《じゅうしにち》――暦の中で特に縁起が悪いといわれる凶日。

この中で縁切りにふさわしいのは、受死日、十死日です。

凶日ですが、思い切って未練を断ち切り清算するにはこの日を使うといいでしょう。

『厄年』

厄年は災難やトラブルが多いと考えられています。

一方、この時期に悪縁を切ることで、厄を祓うことになり、開運につながるとされています。

男性の厄年は、数え年で、

25歳、42歳、61歳。

その前後が、前厄、後厄となります。

女性の厄年は、19歳、33歳、37歳、61歳。

やはりその前後が、前厄、後厄になります。

厄年は人生の変化、転機が訪れる人が多く、体調が悪くなったり、災難に見舞われることがあったりするといわれています。

寺社で厄除けのご祈禱をしていただくとともに、悪縁を切って、自分についたマイナスエネルギーを払ってください。

厄年の「縁切り」は、マイナスをプラスに転じる開運法となります。

『満月』

スピリチュアルの世界では、満月は手放しの時です。

今、わたしたちが使っている暦は「グレゴリオ暦」という、太陽の動きや季節にズレがないように作られたものです。

日本は明治６年からこの暦を使っています。

それ以前は月と太陽の運行をもとにした旧暦を使っていました。

その頃は、新月には神社にお参りをして願いごとをし、満月には感謝を捧げるという風習があったのです。

そこから今でも1日を新月、15日を満月としてお参りをする風習が残っています。このお参りの方法をされている方も多いと思います。

そのお参りの風習にちなみ、新月には目標を立て、満月には叶ったことに感謝をする開運法が生まれました。

そして満月は、自分に合わないことを手放すベストタイミングともされています。月の運行は、わたしたちの体や精神状態にも大きな影響を及ぼしています。満月のときはエネルギーも強く、執着していたものを手放せる心の強さを得ることもできます。

月の光はここから減じていきます。だからダイエットのスタートにもベストタイミングといわれているのですよ。

満月の日に縁切りをすることで、あなたの気持ちも吹っ切れ、執着の手放しをすることができるでしょう。

『晦日』

先ほどお話しした、月の始まりの日に寺社に参拝することを「朔日参り《ついたちまいり》」と言います。自分の目標やお願いごとを祈り、新しい月の始まりに感謝するお参りです。スタートの意味合いが強いものです。

それに対して「晦日詣《みそかもうで》」というものがあります。

月末に寺社にお参りして、１カ月の無事を感謝し、次の月の無事を祈ります。この「晦日詣」は、浄化の意味合いが強く、縁切りのお願いにはふさわしいものとなります。

これにちなみ、月末や年末など締めの日。新しいステージに立つ前に、マイナスのエネルギーをお掃除する「縁切り」をすることは、あなた自身の浄化にもなります。

タイミングについて

日本の風習として伝わるお日取り中心に、「縁切り」に適した日をお話ししました。

日本人は、この「お日取り」をとても大切にしていることがお分かりいただけたと思います。

四季のある日本だからこそ、時を「サイクル」として捉え、その「時の持つエネルギー」を意識してきました。

物事には、生まれるべきとき、育てるとき、収穫すべきとき、枯れゆくときがあります。そのサイクルに逆らわず、そのときにやるべきことを実践する。それが開運の鍵だと日本人はわかっていたのですね。

人生にも「あのタイミングだから成功した」「タイミングが合わなくてうまくいかなかった」ということがあると思います。

同じようにどんなことにもタイミングがあります。

その「時の持つエネルギー」に合わせて、自分の願うことを実践する。それが、願いを叶える助けとなります。

「お日取り」に合わせて、あなたの縁切りの願いを叶えてくださいね！

縁切りのパワーを持つアイテム

物には、固有のエネルギーがあります。

根拠のないおまじないグッズのように感じるかもしれませんね。でも自分の願いを「見える化」することはとても大切！

頭の中で「縁切りしたい！」と考えているより、その「縁切り」を、物や儀式などで自己認識することで決意が固まり、あなたの中の止まっていた時計が動きだします。

あなたからマイナスエネルギーを払い、縁切りを叶えるアイテムをご紹介しましょう。

『櫛』

日本の慣習で縁切りを叶えるアイテムとして、まず思い浮かぶのは「櫛《くし》」です。

櫛は、古くは神事で神主や巫女がつけるものでした。

依代《よりしろ》（神がよりつくもの）としての機能を持つとされていたのです。

櫛は、真実を見極める力、魔除けの力を授けます。

「古事記」に櫛の霊力をあらわすこんなエピソードがあります。

死んだ妻・イザナミに会いに黄泉《よみ》の国に行ったイザナギ。自分の髪に挿していた櫛に火をともして覗き見たところ、イザナミは腐敗した醜い姿となっていました。

真実を見る力を櫛から与えられたのですね。

驚いて逃げようとしたイザナギを、黄泉の国の魔物が追っかけてきます。イザナギは櫛を投げつけて追い払いました。

すると、櫛が落ちた場所から筍が生え、魔物が食べている隙にイザナギは無事に逃げおおせたのです。櫛の魔除けの力で助けられたのです。

これは櫛の霊力をあらわしたものとして有名なお話ですね。

櫛には不思議な力があります。

あなたは「櫛は人に贈らぬもの」という言葉をご存知ですか？

櫛を贈ると、その相手と縁切りできるといわれていたのです。

また既婚者が櫛を投げつけると縁切りするといういわれもあります。

これは、昔、櫛は既婚のしるしだったことに由来します。

櫛は霊力を宿すアイテム。縁切りにも大きなパワーを発揮するのです。

『鏡』

鏡も悪い縁を跳ね返すパワーがあります。

風水の八角鏡がよく知られていますね。

わたしは、会社の中で縁切りしたい人がいる場合には、鏡をその人のほうに向けて置くことをおすすめしています。効果は高いと感じています。

ハサミやナイフなどは、縁切りアイテムですが、法律に触れる可能性があるので持ち歩くのはおすすめしません。

むしろ、ハサミで、縁切りしたい人の名刺や写真を切るほうが、縁切りの願いが叶うでしょう。切った名刺や写真は箱に入れます。

箱もまた霊力を宿しています。マイナスエネルギーを外に出さないようにしてくれます。

７日後にその箱ごと捨てるようにしてください。

このとき、大切なのは呪いの気持ちを持たないことです。むしろ相手と自分が違うステージで生きることを祈ってください。

『卵』

西洋では、卵には邪気除けや縁切りのパワーがあるとされています。

卵は、新しい命を育むもの。そのため、再生や誕生の象徴とされています。

また、その内側にある膜に、吸収する作用があるので、マイナスエネルギーを吸い取るとされていました。

また吸い取るだけではなく、その殻の内側に、吸い取ったエネルギーを閉じ込める役割もあるとされたのです。

古代エジプトやギリシャなどの古代文明では、卵は浄化、再生の象徴として魔術の儀式に使われてきました。

また「シャーマン」と呼ばれるヒーラーは、卵を使って病気を治す儀式を行っていました。卵が持つ、悪いエネルギーを吸収し閉じ込める力を使って、病気を治療していたのです。

日本ではあまり馴染みのないことですが、東ヨーロッパの国では家の周りに卵を埋めて邪気除けをする風習もあります。

卵は、邪気を吸い取り、再生させ、新しいものを誕生させるシンボル。縁切りしたい人の名刺や写真の上に卵を置いて数日経過したら、割って捨ててください。

また病気との縁切りには、卵を枕元に置いて、病気を吸い取る術もあります。病気のマイナスエネルギーを吸った卵は、必ず捨てるようにしてください。

『真言』

仏教では、不動明王が縁切りの力が強いといわれています。

不動明王のご真言《しんごん》、

「ノーマクサンマンダーバザラダンセンダ・マカロシャダ・ソワタヤ・ウンタラタ・カンマン」

を、心の中で唱えてください。

対人関係の縁切りだけでなく、自分の心のマイナスの思いともスッキリ縁切りさせてくれます。

また、陰陽師などでも有名なのが「九字切り」ですね。

「臨《りん》・兵《ぴょう》・闘《とう》・者《しゃ》・皆《かい》・陣《じん》・列《れつ》・在《ざい》・前《ぜん》」

と唱え、手刀で横縦横縦横縦横縦横を切ります。

これは仏教というより、修験道などの作法が混じった日本独特のものですが、とても効果があると感じています。

護符やお守りは、オリジナルで作らず、縁切り神社やお寺で求めたほうが安全です。

何の効果もないだけならいいのですが、思わぬマイナスをもたらすこともあるので、自己流に行わないように気をつけてくださいね。

『香り』

お線香やアロマなどには、邪気を払う強い効果があるものもあります。

縁切りに効果的な香りをいくつかご紹介しましょう。

・セージ

パワーストーンを浄化するものとして、セージの葉を使っている人もいらっしゃるかもしれません。

葉を燃やして、その煙を、縁切りしたい人の写真や名刺などにくゆらせましょう。もちろんアロマとして使うこともおすすめです。

縁切りしたい人と会うときに、ハンカチなどに数滴たらし、お守りとして持つようにしてください。

・パロサント

スペイン語で「聖なる木」といわれる、南米産の香木です。

燃やした煙に浄化する力があるとして、インカ帝国時代から、病気を治す民間療法にも使われてきました。

可愛らしい小さな木材なので，インテリアとしてもおすすめです。

会社に縁切りしたい人がいるとき、デスクの上に置いておいても不自然ではありません。

でも最近は香害が問題になっています。

香りが漏れないよう、引き出しの中や箱の中に入れておくことをおすすめします。

効果は同じですので、迷惑にならないよう気をつけてくださいね。

・塗香《ずこう》

主に仏教で使われる、香木を粉状にしたものです。お清めや浄化のために身体に塗ります。

仏教では修行や儀式のときに使われるもの。強い邪気除けのパワーがあるので、縁切りにも効果があります。

仏教では手に塗り、その手で身体を祓う使い方をします。

口の災いを取るために、少し口に含むこともあります。香りが強いので、小さな袋に入れて縁切りしたい人と会うときに持っていくのがいいでしょう。

また、下着や靴などに香りを移すと邪気除けの効果があります。

自分の身に結界を作る力があります。縁切りしたい相手を寄せ付けないパワーを与えてくれるでしょう。

『紙』

紙には念が移るといわれています。折り紙は、その折り目に念がこもるとされ、病気治癒などを祈る「千羽鶴」が生まれました。

わたしが縁切りの願いを叶えるためにおすすめするのも、やはり紙に自分の思いを書き出すことです。

そして、その紙を破る、燃やすなど、目の前で縁切りを象徴として具現化するのです。

また最近わたしが特におすすめしているのが「水に溶ける紙」です。

通販で安く手に入れることができます。寺社の大祓《おおはらえ》などの人形でも使われています。環境に配慮して、自宅で洗面器などに溶かし、その水を捨てるようにしてください。

『自分の思いを形にする』

縁切りは、それを本人が心底望んでいるかというと、そうでないことも多いものです。迷いを断ち切るために、本当に縁を切るんだと自分に分からせることが必要だと鑑定の場で思うことが多いのです。

そのために、縁切りを「見える化」することはとても大切です。

これまでお話しした縁切りアイテムや儀式は、「縁切り」を自分の心に刻み込むためのもの。実践すると同時に、自分の心に向き合う強さを持ってくださいね。

おわりに

わたしには、とても嫌いな人がいました。

その人に言われたことに傷ついて、嫌な言葉が頭の中で、ずっとリフレインしていました。

その人は、とても傲慢で意地悪で、人を見下すような態度で、わたしのことをいつも貶めるようなことばかりして、我慢なりませんでした。

その人の一挙手一投足にカチンときて、いつもイライラ、一緒にいることが不快でした。

帰宅しても、その人のことが頭から離れず、いろんな人に悪口を言って、憂さを晴らしていました。

でも、ある日、わたしは、ふと気づいたのです。

この状態は、その人に恋をしているのとまるで同じだと。

頭の中は、その人のことでいっぱい。

その人の一言に、頭にきたり、悲しい思いをしたり、悔しい思いをしたり、心が揺れる毎日。

その人のことばかり考えて過ごし、口に出すことは、その人の話題ばかり。

わたしは、本当に、そのとき、気づきました。

自分の心を占領されてしまっていたのだと。

自分の心を乗っ取られることは、好きでも、嫌いでも、なにも変わりがないことを。

そのときから、わたしは決めました。

嫌いな人に、自分の心を乗っ取られるのは、金輪際やめにしようと。

どんなに嫌なことを言われたり、カチンと来ることをされたり、我慢ならないことがあっても、自分の心を占領されてはいけないと。

その人が、自分の世界に入り込まないように。

絶対に、自分の軸を揺らさせないように。

わたしが、わたしのやるべきことだけに集中するように。

そして、今、その人は、わたしの敵ではなくなりました。

時に助けてくれたり、味方をしてくれたり、仲良く話しをすることすらあります。

そんなとき、わたしは、とても不思議な気持ちになります。

今見ているその人と、見ることすら嫌だった以前のその人は、同一人物なのだろうか。

もちろん同じ人なのだけれど、その人は、わたしにとって、まるで違う存在になった。

わたしが、わたしの頭の中で、敵を作り出していたのです。

わたしが、わたしの心の中で、怒りを育てていたのです。

人は、自分が見たいように、世界を見る。

自分が見ている世界は、誰かの見ている世界と、同じではありません。

世界は無数に存在して、その中から、わたしは、わたしの見たい世界を選び取っていたのです。

その選び取る世界を変えたとき、わたしの、そして、あなたの世界は、きっと変わります。

著者プロフィール

占い師。声優。真言宗阿闍梨。

東京・中野区の呉服屋の娘として生まれる。

1997 年、突然の臨死体験を機に、霊能者である祖母の能力を受け継ぐ。その後、各種占いの研鑽を積む。その的中率が話題となり、マスコミで活躍。

フジテレビ「とくダネ！」のレギュラー占いコーナーや、フジテレビ「突然ですが占ってもいいですか？」などに出演し話題沸騰。現在、予約は 2 年待ちの人気占い師。

占いコンテンツ「魂の憑代」は累計 50 万人のユーザーを誇る。香司、和柄研究家として、和の開運法も伝えている。

声優としては、青二プロダクションに所属し、35 年のキャリアを持つ（芸名　寺瀬今日子）。代表作は、フジテレビ「とくダネ！」やテレビ朝日「世界が驚いたニッポン！スゴ～イデスネ!!視察団」のナレーション、「進撃の巨人」モーゼスの母役、ゲーム「メタルギアソリッド」メリル役など。

主な著書に、『開運和柄ぬり絵』（サンマーク出版）、『ちび魔女ねこぴと 48 人の女神　うらないパーフェクト BOOK』（小学館）、『幸運が舞い込む浄化・邪気除け生活～「スマホ風水」は最強の開運法』（さくら舎）などがある。

幸福《こうふく》の縁切《えんき》り神社《じんじゃ》とお寺《てら》さん
——悪縁《あくえん》を絶《た》ち、良縁《りょうえん》を結《むす》ぶ！

二〇二四年一〇月五日　第一刷発行

著者　富士川碧砂《ふじかわみさ》
発行者　古屋信吾
発行所　株式会社さくら舎　http://www.sakurasha.com
東京都千代田区富士見一-二-一一　〒一〇二-〇〇七一
電話　営業　〇三-五二一一-六五三三　FAX　〇三-五二一一-六四八一
編集　〇三-五二一一-六四八〇
振替　〇〇一九〇-八-四〇二〇六〇

著者写真　高山浩数
カバー挿画　森崎達也（株式会社ウエイド）
装丁　アルビレオ
印刷・製本　中央精版印刷株式会社

ISBN978-4-86581-440-8

JASRAC 出 2406606-401

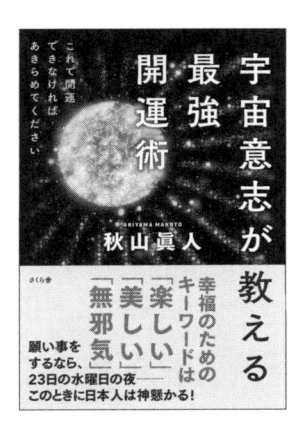